Die Kunst der Transformation

Benjamin Ferreau •
Morten Wolff • Michael Munder •
Michael vom Sondern • Francesco Ferreri

Die Kunst der Transformation

Was Führungskräfte vom Elternsein lernen können – aus der Sicht von fünf Vätern

Benjamin Ferreau
Hamburg, Deutschland

Morten Wolff
Hamburg, Deutschland

Michael Munder
Bielefeld, Deutschland

Michael vom Sondern
Hamburg, Deutschland

Francesco Ferreri
Hamburg, Deutschland

ISBN 978-3-662-71132-3 ISBN 978-3-662-71133-0 (eBook)
https://doi.org/10.1007/978-3-662-71133-0

Die Deutsche Nationalbibliothek verzeichnet diese Publikation in der Deutschen Nationalbibliografie; detaillierte bibliografische Daten sind im Internet über https://portal.dnb.de abrufbar.

© Der/die Herausgeber bzw. der/die Autor(en), exklusiv lizenziert an Springer-Verlag GmbH, DE, ein Teil von Springer Nature 2025

Das Werk einschließlich aller seiner Teile ist urheberrechtlich geschützt. Jede Verwertung, die nicht ausdrücklich vom Urheberrechtsgesetz zugelassen ist, bedarf der vorherigen Zustimmung des Verlags. Das gilt insbesondere für Vervielfältigungen, Bearbeitungen, Übersetzungen, Mikroverfilmungen und die Einspeicherung und Verarbeitung in elektronischen Systemen.
Die Wiedergabe von allgemein beschreibenden Bezeichnungen, Marken, Unternehmensnamen etc. in diesem Werk bedeutet nicht, dass diese frei durch jede Person benutzt werden dürfen. Die Berechtigung zur Benutzung unterliegt, auch ohne gesonderten Hinweis hierzu, den Regeln des Markenrechts. Die Rechte des/der jeweiligen Zeicheninhaber*in sind zu beachten.
Der Verlag, die Autor*innen und die Herausgeber*innen gehen davon aus, dass die Angaben und Informationen in diesem Werk zum Zeitpunkt der Veröffentlichung vollständig und korrekt sind. Weder der Verlag noch die Autor*innen oder die Herausgeber*innen übernehmen, ausdrücklich oder implizit, Gewähr für den Inhalt des Werkes, etwaige Fehler oder Äußerungen. Der Verlag bleibt im Hinblick auf geografische Zuordnungen und Gebietsbezeichnungen in veröffentlichten Karten und Institutionsadressen neutral.

Springer Gabler ist ein Imprint der eingetragenen Gesellschaft Springer-Verlag GmbH, DE und ist ein Teil von Springer Nature.
Die Anschrift der Gesellschaft ist: Heidelberger Platz 3, 14197 Berlin, Germany

Wenn Sie dieses Produkt entsorgen, geben Sie das Papier bitte zum Recycling.

Warum seid Ihr nur Männer?
Warum nicht?

Vorwort

Weil es wichtig ist!
 Moin!
 Fängt man eigentlich ein Buch mit einer Begrüßung an? Wie in einem Brief oder einer E-Mail? In Messenger-Diensten wie WhatsApp & Co. macht man das, glauben wir, (leider) nicht mehr, aber wir gehören auch nicht zur jüngsten Generation. Wie auch immer, wir haben uns dazu entschieden, es zu tun: also Moin! – und das „Moin" steht stellvertretend für alle möglichen Grußwörter.

Wir – wer wir genau sind, erfahrt ihr bald – haben uns außerdem entschieden, zwischen den Kapiteln Statements einzufügen, in denen wir uns zu wichtigen Themen äußern, die uns vor, während und wahrscheinlich auch nach dem Schreiben dieses Buches beschäftigt haben und weiterhin beschäftigen werden.

Eines der wichtigsten Themen, das uns schon früh klar war und mit dem wir oft konfrontiert wurden, sobald wir Menschen von unserer Buchidee erzählten, ist:

„Warum sind wir nur Männer?"

Das scheint in die heutige Zeit nicht zu passen, oder? Wenn wir ehrlich sind, hätten wir es gerne bei einer einfachen Antwort belassen:

„Warum nicht?"

Doch der Punkt ist uns zu wichtig, um ihn so stehen zu lassen und eventuell Missverständnisse zu riskieren.

Ja, wir sind fünf Männer – vielleicht mit dem einen oder anderen großen Ego – ‚und ja, wir sind stolz auf das, was wir bisher erreicht haben. Dafür können wir nichts – so wurden wir sozialisiert. Aber das soll keine Ausrede sein. Was wir auf keinen Fall sind: der Meinung, dass Frauen oder Menschen anderen Geschlechts keinen wichtigen Beitrag zu diesem Buch hätten leisten können – im Gegenteil! Sie würden es sicher noch besser machen, weil wir gerade erst anfangen zu lernen, durch das Vatersein und unsere Transformationen in jeglicher Hinsicht. Wir schreiben aus der Rolle des Vaters – aus der Perspektive von Menschen, die sich in einem Paradigmenwechsel zwischen Karriere und Familie befinden. Wir sind Teil einer neuen Generation von Vätern, von Eltern, die diese Rolle ganz anders leben, als es unsere Eltern und ihre Generation tun konnten. Und glaubt uns, das ist ziemlich hart. Keine Sorge, wir werden all diese Themen noch im Detail behandeln. Dieses Buch ist durch den starken Einfluss von Frauen und deren Sichtweise und Weisheit entstanden.

Wir schreiben also aus der Perspektive von Männern, die endlich erkennen, welchen fundamentalen Einfluss das Vatersein – beziehungsweise das Elternsein – auf die eigene Persönlichkeit und die Fähigkeit als Führungskraft hat.

Damit würdigen wir alle Mütter da draußen, die schon längst wissen, was eine gute Führungspersönlichkeit ausmacht. In der Vergangenheit wurde das nicht genug anerkannt, weil mehr Männer in Führungspositionen waren – und leider noch immer sind. Das tut uns leid, denn als Männer von Frauen und Väter von Töchtern verstehen wir umso mehr. Und glaubt uns, wir würden dieses Thema gerne in aller Tiefe behandeln. Zuerst müssen wir uns allerdings mit unserer eigenen Erkenntnis auseinandersetzen, was jedoch die Wertschätzung den Müttern gegenüber keinesfalls schmälert – ganz im Gegenteil.

Deshalb schreiben wir dieses Buch über die Erkenntnis, dass das Vatersein einen nachhaltigen Einfluss darauf hat, wie wir als Führungskräfte besser werden können. Und wir ziehen Analogien zur Transformation im unternehmerischen Kontext, weil uns dieses Thema so wichtig ist und wir das Bedürfnis haben, es zu diskutieren.

Unser Buch unterscheidet sich vielleicht von herkömmlichen Wirtschaftsbüchern, da wir emotional und persönlich werden und auch unsere Meinung einfließen lassen. Es ist ein Buch für alle: Frauen, Männer, Diverse, für Wirtschaftsinteressierte, Führungskräfte und auch für Menschen, die uns nahestehen, aber mit unseren Themen eigentlich nichts zu tun haben. Wir haben für jeden etwas dabei, und wenn nicht, dann könnt ihr zumindest behaupten, ein Buch gelesen zu haben.

Wir wünschen viel Spaß beim Lesen.

Ach, und bevor wir es vergessen: Es gibt separat noch ein Extramaterial von uns – „Blick hinter die Kulissen". Holt es euch, es lohnt sich!

Eure Männer, Unternehmer und natürlich auch Väter,
Benjamin Ferreau, Morten Wolff, Michael Munder, Michael vom Sondern, Francesco Ferreri

P.S. Bevor es richtig losgehen kann, müssen wir noch kurz über KI im Allgemeinen und in unserem Buch sprechen.

Danksagung

Wir danken unseren Familien
– für alles!

Wir danken Pauline vom Sondern
– für die unfassbaren Illustrationen!

Wir danken Alexandra Olah
- für die grandiosen Grafiken!

Wir danken allen Wegbegleiter:innen
– für die permanente Inspiration!

Unsere Gedanken zu KI

Seit der Veröffentlichung von ChatGPT im November 2022 hat sich unsere Wahrnehmung von Künstlicher Intelligenz (KI; engl. Artificial Intelligence, AI) rasant verändert. Besonders Generative KI (GenAI) sorgt im beruflichen wie im privaten Kontext für eine Achterbahnfahrt der Gefühle. Einerseits herrscht Euphorie: Wir setzen große Hoffnungen in diese Technologie, die unser Leben und unsere Arbeitswelt revolutionieren soll – von automatisierter Kostensenkung bis hin zu Umsatzsteigerungen und optimierten Kundenerfahrungen. Andererseits gibt es Ängste: Wird KI uns Menschen überflüssig machen?

Diese gegensätzlichen Emotionen spiegeln sich im Gartner Hype Cycle 2000 for Artificial Intelligence wider. Laut diesem Modell hat GenAI den „Gipfel der überzogenen Erwartungen" erreicht. Viele Unternehmen erwarten schnelle und drastische Effizienzgewinne, doch oft bleibt die Ernüchterung nicht aus. Die Technologie steht noch am Anfang, und ihre vollen Potenziale sind noch nicht erschlossen. Gleichzeitig wächst die Sorge um Arbeitsplatzverluste, obwohl bislang keine massiven Veränderungen in der Arbeitswelt zu beobachten sind.

> Der Paradigmenwechsel, den KI mit sich bringt, lässt sich bildhaft beschreiben: Vom Anwenden zur Kommunikation.

Bisher haben wir Technologie durch klare Befehle angewendet – durch Mausklicks, Eingaben oder das Ausführen von Aktionen. Jetzt kommunizieren wir mit der Technologie. Mit GenAI geben wir Eingaben in ein Suchfeld, und die KI liefert uns komplexe Antworten: E-Mails, Texte, Bilder oder sogar berechnete Business-Metriken. Diese neue Art der Interaktion verändert unsere Arbeitsweise grundlegend und bietet eine Vielzahl an Möglichkeiten – und auch Herausforderungen.

Doch was ist KI wirklich? Abgesehen von der wissenschaftlichen und mathematischen Herleitung steht KI für einen der größten Paradigmenwechsel in der technologischen Evolution. KI verändert, wie wir mit Technologie interagieren und wie sich Mensch und Maschine die Arbeit aufteilen.

> Diese Veränderungen werden in Zukunft zu einer Neuordnung der Geschäftsmodelle führen, bei der sich die Zusammenarbeit zwischen Mensch und Technologie (KI) neu definiert.

KI ist somit nicht nur eine herkömmliche Software, sie wird intelligent und führt Aufgaben selbstständig aus. Der Schlüssel liegt darin, diesen Paradigmenwechsel zu verstehen und die richtigen Fragen zu stellen. Brynjolfsson und McAfee (2014) beschreiben in *The Second Machine Age*, dass der Erfolg der digitalen Transformation davon abhängt, wie Unternehmen und Mitarbeiter sich auf diese Veränderungen einstellen und die neuen Technologien richtig nutzen. Dieser Wandel wird unsere Berufsbilder um 180 oder sogar 360° verändern – doch nur, wenn wir ihn verstehen und aktiv gestalten.

Am Ende wird KI jedoch weit mehr sein als eine intelligente Technologie – sie wird ein integraler Bestandteil moderner Geschäftsmodelle. Nur durch eine ganzheitliche Betrachtung, die Technologie, neu gedachte Prozesse und eine transformierte Organisation umfasst, kann KI ihren vollen Nutzen entfalten.

Übrigens: Künstliche Intelligenz gibt es schon seit den 1950er-Jahren. Es wird Zeit, sie ganzheitlich ernst zu nehmen.

In unserem Buch

Warum befassen wir uns im Vorwort und überhaupt mit KI? Dafür gibt es drei klare Gründe: Erstens, weil es derzeit in aller Munde ist und für Aufmerksamkeit sorgt – was wir hier ein wenig ironisch meinen. Zweitens, weil KI einer der fundamentalsten Einflussfaktoren auf die Transformation von Unternehmen ist. Warum also diesen wichtigen Impuls nicht gleich am Anfang aufgreifen? Wie bereits erwähnt, führt KI zu einer grundlegenden Neuordnung der Geschäftsmodelle und Prozesse, indem sie die Aufgabenverteilung zwischen Mensch und Maschine neu definiert. Es ist essenziell, diesen Faktor ernst zu nehmen und ihn auf die Fähigkeiten von Führungskräften anzuwenden, aber auch in der Erziehung der nächsten Generationen zu berücksichtigen.

> Es könnte daher die erste Aufgabe nach dem Lesen dieses Buches sein, die Fähigkeiten zu testen, KI auf die Transformation anzuwenden; das muss aber auch nicht sein – nur ein Vorschlag.

Vor allem möchten wir zu Beginn dieses Buches klarstellen, wie wir mit KI bei dessen Erstellung umgegangen sind. Ja, wir haben KI in gewisser Form genutzt, um das Bestmögliche aus diesem Buch herauszuholen. Schließlich haben wir uns schon intensiv mit KI beschäftigt, als die Industrie noch glaubte, die Digitalisierung sei der Heilige Gral des technologischen Fortschritts. Einer von uns musste sogar ein KI-Start-up schließen, weil zu diesem Zeitpunkt das Interesse daran noch nicht groß genug war – es fehlte schlicht an Unternehmen, die dafür zu zahlen bereit waren. Aber weg von unseren Leidensgeschichten, dafür gibt es später noch Raum.

Wir haben KI, insbesondere ChatGPT und Perplexity AI, eingesetzt, um unsere Kreativität und unseren Content zu verifizieren und zu challengen. Manchmal haben wir KI genutzt, um komplizierte Sätze zu vereinfachen – schließlich sind wir große Fans verschachtelter Sätze. Vielleicht haben wir ChatGPT auch mal nach der korrekten Rechtschreibung gefragt, um den Lektoratsprozess zu erleichtern. Insgesamt können wir also klar sagen, dass wir KI unterstützend eingesetzt haben. Aber: Der Content stammt vollständig von uns. Es sind unsere Geschichten, unsere Gedanken und unsere geistige Arbeit, die dieses Buch ausmachen. Deswegen können wir auch offen darüber sprechen.

KI war für uns eine nützliche Unterstützung, aber die Substanz dieses Buches stammt nicht von ihr. Es könnte auch gar nicht anders sein, da wir die Ersten sind – nicht verifiziert –, die die Analogie zwischen Elternsein und Beruf ziehen. Deshalb sind wir auch stolz darauf, sagen zu können, dass dies unser eigenes Buch ist, das wir hart erarbeitet haben – auch wenn wir an einigen Stellen KI als Co-Pilot gebeten haben.

Clever, oder? Finden wir auch.
Viel Spaß mit *unserem* Content!

Literatur

Brynjolfsson, E., & McAfee, A. (2014). *The second machine age.* W. W. Norton & Company.

Inhaltsverzeichnis

1	**Einleitung**	1
	1.1 Die wahre Motivation hinter dem Buch	1
	1.2 Vorstellung der fünf Autoren	6
2	**Transformation**	13
	2.1 Definition der Transformation	14
	2.2 Herleitung der Transformation	16
	Literatur	33
3	**Vatersein**	35
	3.1 Die Schule ist *eigentlich* nicht so „unerwartet"	37
	3.2 Unsere „unerwartete" Erkenntnis	39
4	**Die Analogien**	43
	4.1 Die Methodik	43
	4.2 Die wertvollen Lektionen	46
	4.2.1 Führungskompetenz	46
	4.2.2 Strategische Fähigkeiten	61
	4.2.3 Kommunikative Fähigkeiten	73

	4.2.4 Soziale Kompetenzen	85
	4.2.5 Motivations- und Selbstmanagement	99
4.3	Und, jetzt? – Die übergreifende Lektion	108
Literatur		112

5 Transformation Design Model (TDM) — 113
- 5.1 Das Modell — 113
- 5.2 Elemente des Modells — 117
- 5.3 Erläuterung des Modells — 119
- 5.4 Fazit und Kernprinzipien — 121
- 5.5 Das TDM – am Beispiel von KI — 122

6 Fazit — 127

1

Einleitung
Warum dieses Buch?

*Warum glaubt ihr, mehr übe r Transformation
zu wissen als Frauen oder allgemein andere?
Tun wir nicht!*

1.1 Die wahre Motivation hinter dem Buch

„Was haben ein chaotischer Spielplatzbesuch, das tägliche Zähneputzen und ein misslungener Drachenflug mit erfolgreicher Unternehmensführung zu tun?"

Genau diese Frage stellten wir uns zunächst unabhängig und teilweise auch unwissend voneinander, bevor wir – eine Gruppe von Vätern und zugleich Unternehmern sowie Führungskräften – gemeinsam über die Herausforderungen des Vaterseins und der Analogie zur beruflichen Transformation nachdachten. Da standen wir also so oft, jeder für sich, natürlich mit unseren Kindern, auf dem Spielplatz: in der einen Hand

---

Ergänzende Information Die elektronische Version dieses Kapitels enthält Zusatzmaterial, auf das über folgenden Link zugegriffen werden kann [https://doi.org/10.1007/978-3-662-71133-0_1].

das Laufrad, in der anderen ein Kind auf der Schulter, während der Sand noch an unseren Businesshosen klebte. Es waren und sind auch immer noch die Momente, die uns plötzlich klarmachen: Hier, im Sandkasten, sind wir keine erfolgreichen Manager, keine Unternehmensgründer oder Keynote Speaker – es interessiert dort einfach niemanden, vor allem nicht die Kinder. Und das ist genau richtig so. Hier sind wir einfach nur Väter, und das Vatersein bringt uns unerwartete und oftmals auf den ersten Blick nicht eindeutige Lektionen bei, die auch unsere berufliche Rolle nachhaltig und bestimmt fundamental verändern können. Jeder für sich hätte vielleicht nicht gedacht, dass diese Erfahrungen ein Buch wert sind, aber zusammen schon – und hier ist es.

Lasst uns doch bitte gleich zu Beginn den Elefanten im Raum ansprechen: Ja, wir sind eine Gruppe von fünf meinungsstarken Männern, alle irgendwo zwischen den späten 1970er- und 1980er-Jahren geboren. Wir kommen aus Corporate-Strukturen, wir haben gegründet, wir haben Karrieren gemacht (wie man das so nennt, wie es uns beigebracht wird), jeder auf einem individuellen Weg, und doch sind die Wege irgendwie alle ähnlich – und wir alle haben erlebt, dass die Art und Weise, wie wir arbeiten und leben, hinterfragt werden muss. Die Protagonisten und zugleich Autoren dieses Buches – also wir – haben alle ihre eigenen Geschichten und Erfahrungen. Und ja, wir haben Erfolge gefeiert, wir haben auch Misserfolge erlebt, wir halten Vorträge, sogar schon mit der einen oder anderen Keynote, wir lehren an Universitäten – all das, was eine testosterongetriebene Gruppe an Führungskräften eben tut. *Aber: Die Dinge sind nicht immer so, wie sie scheinen.*

Wir sind Kinder einer Generation, die mit den traditionellen Rollenbildern aufgewachsen sind: Der Mann geht arbeiten und muss Karriere machen, die Frau kümmert sich um die Familie und ist die wahre Heldin in diesem Konstrukt. Das war das alte und noch immer vorherrschende Narrativ, das uns geprägt hat und immer noch prägt – vielleicht sogar mehr, als wir es uns eingestehen wollten. Das Warum dahinter wird selten differenziert beantwortet. Wir sind, und ja auch immer noch, auf Karriere fokussiert, wollen Erfolge – und haben dafür vieles geopfert. Doch jetzt, nachdem wir alle selbst Väter geworden sind und mitten in eben diesen Karrieren stehen, erleben wir einen riesigen Paradigmenwechsel: Wir wollen nicht nur arbeiten, wir wollen auch aktiv Teil des Lebens unserer Kinder sein und unseren Heldinnen die Chance geben, sich zu verwirklichen.

Wir stehen zwischen zwei Welten. Auf der einen Seite schauen wir immer noch auf unsere Lebensläufe, überprüfen, ob alles den angeblichen Standards entspricht, und denken darüber nach, wie uns die nächsten Karriereschritte weiterbringen. Auf der anderen Seite wollen wir Zeit mit unseren Kindern verbringen, ihnen beim Wachsen zusehen und bei ihren Abenteuern dabei sein. Es ist ein Balanceakt, den wir meistern wollen – und oft auch müssen. Und genau das ist eine Transformation, die tiefer geht, als viele von uns zunächst dachten.

> Die Motivation hinter dem Buch lässt sich daher in zwei Hauptaspekte zusammenfassen: das Vatersein und die berufliche Transformation. Es ist ein spannendes Experiment, dieses Buch als Kollektiv zu schreiben. Jede Entscheidung wurde heiß diskutiert, und die unterschiedlichen Perspektiven mussten unter einen Hut gebracht werden. Diese sogenannte Multiperspektive ist für uns ein zentrales Prinzip dieses Buches und auch darüber hinaus, weil der Konsens aus vielen Stimmen ein reichhaltigeres Ergebnis bringt. Ob das immer einfach ist? Nein, aber es ist wichtig und wertvoll. Es hat uns alle gemeinsam geprägt.

Der erste Beweggrund: Das Vatersein

Wie bereits erwähnt, sind wir alle Kinder der 1970er- und 1980er-Jahre, geprägt von Zeiten traditioneller Geschlechterverteilung und Gesellschaftsformen, die mit ihrem Bild auf Familie, Rollenverteilung von Mann und Frau aufeinandergeknallt sind. Heute befinden wir uns in einer anderen Realität. Unsere Partnerinnen – zu Recht – fordern und erwarten mehr, und auch wir Männer wollen mehr. Wir wollen nicht nur am Wochenende oder in den Ferien Väter sein, wir wollen es täglich und aktiv sein. Diese Erkenntnis hat uns dazu gebracht, unser Leben anders zu gestalten: Wir haben uns selbstständig gemacht, Unternehmen gegründet oder Karrierewege gewählt, die es uns ermöglichen, mehr Zeit für unsere Familien zu haben. Nicht, weil es immer einfach war, sondern weil wir es als notwendig empfunden haben.

Und das Vatersein hat uns auch als Führungskräfte nachhaltig verändert. Wir haben gelernt, geduldiger zu sein, besser zuzuhören, flexibler zu reagieren, Entscheidungen zu treffen und die Dinge aus einer anderen Perspektive zu betrachten. Wenn man mit einem Kind spricht, gilt es beispielsweise, Abstraktionsfähigkeit zu entwickeln, komplexe Zusammenhänge so einfach wie möglich zu erklären und dennoch den Kern nicht zu verlieren. Das war bereits ein kleiner Teaser. Diese Fähigkeit ist in der modernen Unternehmenswelt genauso entscheidend wie im Umgang mit unseren Kindern. Es hat uns gelehrt, dass die Herausforderungen im Management und im Familienleben oft mehr Gemeinsamkeiten haben, als wir dachten.

Der zweite Beweggrund: Die Transformation
Transformation ist ein Thema, das seit Jahren in aller Munde ist – und dennoch scheint kaum jemand genau zu wissen, wie sie wirklich funktioniert. Jeder spricht darüber, jeder hat eine Lösung, viele sind ihrer müde, aber nur wenige verstehen die eigentliche Komplexität. Wir waren alle in Corporate-Strukturen tätig, als das Schlagwort „Digitalisierung" über uns hereingebrochen ist. Plötzlich mussten wir unsere Geschäftsmodelle, Prozesse und Denkweisen komplett überdenken. Und auch jetzt, da wir die Seiten gewechselt haben und Unternehmen mehr von außen beraten, spüren wir dieselbe Unsicherheit, die wir damals schon hatten.

Sind wir zufrieden mit den Transformationen, an denen wir mitgewirkt haben? Nicht wirklich. Die Realität zeigt uns immer wieder, dass die meisten Transformationsprozesse weit davon entfernt sind, reibungslos zu verlaufen. Laut einer umfassenden Studie von McKinsey scheitern rund 70 Prozent aller digitalen Transformationsprojekte, oft aufgrund von fehlender technischer Expertise, mangelnder Anpassung der Unternehmenskultur oder unzureichender strategischer Ausrichtung. Diese Erkenntnis verdeutlicht, dass Transformation in vielen Unternehmen immer noch ein ungelöstes Problem darstellt.

Für uns als Führungskräfte wurde klar, dass eine erfolgreiche Transformation nicht einfach durch die Implementierung neuer Technologien erreicht werden kann. Vielmehr geht es darum, Menschen mitzunehmen, Kulturen zu verändern und klare Ziele zu setzen. Diese Herausforderungen erfordern nicht nur technisches Know-how, sondern auch Empathie, Weitsicht und die Fähigkeit, sich in die Bedürfnisse der Mitarbeiter:innen hineinzuversetzen – genau die Eigenschaften, die wir durch das Vatersein täglich erproben, meistens ohne es zu wissen.

Nehmen wir ein Beispiel aus der Unternehmenswelt: Ein großer Konzern stand vor der Einführung eines neuen IT-Systems, das die Effizienz steigern sollte. Das System wurde technisch perfekt entwickelt, doch die Einführung scheiterte beinahe an einem einfachen Punkt: Die Mitarbeiter:innen fühlten sich überfordert und nicht abgeholt. Es wurde ihnen nicht ausreichend erklärt, warum diese Veränderung notwendig ist und welchen Nutzen sie für das tägliche Arbeiten bringt. Hier zeigt sich, wie wichtig die Fähigkeit ist, komplexe Sachverhalte verständlich zu machen und alle Beteiligten mitzunehmen – eine Fähigkeit, die wir als Väter bei den täglichen Warum-Fragen unserer Kinder gelernt haben. Übrigens führen die Warum-Fragen in den meisten Fällen zur kompletten Frustration auf Elternseite, da sie die Frage einfach nicht beantworten können, aber so gar nicht: der absolute Endgegner.

Wir alle kennen die Statistiken: Die meisten Transformationsprojekte scheitern, und doch behaupten einige, sie seien abgeschlossen, während andere gar nicht erst begonnen haben. Es gibt eine Unmenge an Meinungen, Ansätzen und Lösungsräumen, Beratungsmandaten, Teilprojekten, Meetings, Planungen. Die Transformation wird oft als zu kompliziert dargestellt oder aber auf ein einfaches Modell reduziert, das die tatsächliche Tiefe nicht widerspiegelt. Für uns ist Transformation ein Thema, das kontinuierlich weiterentwickelt werden muss – ein dynamischer, nie abzuschließender Prozess.

Was uns dabei besonders frustriert, ist, dass viele der Herausforderungen, die wir heute in Transformationsprojekten erleben, die gleichen sind wie vor 10 oder 15 Jahren. Zu oft geht es darum, eine schnelle Lösung zu finden, ohne das Gesamtbild zu betrachten, ohne Weitsicht. Zu oft wird die Veränderung nicht als ganzheitlicher Prozess verstanden, sondern als ein Projekt, das irgendwann endet. Aber Transformation endet nicht – und genau das ist der Punkt, den wir vermitteln wollen.

Was also ist die wahre Motivation hinter diesem Buch? Es sind die Erfahrungen als Väter und als Führungskräfte, die uns zusammengebracht haben. Die Erkenntnis, dass wir als Väter eine Art von Transformation durchlaufen, die uns lehrt, wie wichtig Empathie, Flexibilität und der Blick auf das Wesentliche sind. Und die Erkenntnis, dass dieselben Fähigkeiten in der Unternehmenswelt benötigt werden, um erfolgreiche Transformationen zu gestalten. Wir wollen zeigen, dass das, was wir durch das Vatersein gelernt haben, uns nicht nur zu besseren Eltern, sondern auch zu besseren Führungskräften und Menschen gemacht hat.

Dieses Buch ist das Ergebnis von fünf Lebensläufen, fünf Vätern und fünf Unternehmern, die erkannt haben, dass es möglich ist, sowohl eine erfüllte Karriere zu haben als auch aktiv Zeit mit der Familie zu verbringen. Es geht um Transformation – auf beruflicher Ebene, aber auch auf persönlicher Ebene. Und vielleicht, so hoffen wir, kann unsere Geschichte anderen helfen, eine neue Perspektive einzunehmen, sei es in der Führung, im Management oder einfach im Leben als Eltern.

Am Ende könnte man sagen: Es gibt viele Gründe, dieses Buch zu schreiben – die Würdigung unserer Partner und Partnerinnen, die jeden Tag Großes leisten, der Wunsch nach einer gerechten und modernen Rollenverteilung, die Einsicht, dass wahre Transformation bei uns selbst beginnt – in den kleinen Momenten, den Entscheidungen, die wir täglich treffen, auf dem Spielplatz, im Büro und zu Hause.

Ob unsere Geschichte nachhaltige Veränderungen bewirken wird? Das wissen wir nicht. Aber sie ist es auf jeden Fall wert, erzählt zu werden.

1.2 Vorstellung der fünf Autoren

Ja, es sind gleich fünf Autoren, die gemeinsam ein Buch schreiben. Es sind somit nicht nur fünf Väter, fünf Lebensläufe und fünf Unternehmer. Nein, es sind auch fünf Meinungen, fünf Erfahrungen auf Basis langjähriger beruflicher Werdegänge, fünf Dickköpfe – und es gäbe wahrscheinlich noch viele weitere solcher fünf Beschreibungen. Aber vor allem sind es fünf Perspektiven, die dieses Buch ausmachen. Gerade bei der Transformation geht es darum, mehrere Perspektiven zu vereinen, um ein multiperspektivisches Bild zu erhalten. Die Transformation ist schon komplex genug, und das war einer der Hauptgründe, warum sich gleich fünf Autoren zusammentaten. Man kann sich leicht vorstellen, dass während des Schreibens jeder von uns sich manchmal gewünscht hätte, keinen Kompromiss eingehen oder nicht erneut eine Diskussion führen zu müssen. Aber am Ende haben wir alle diese Teamleistung genossen.

Man könnte sich fragen, wie sich solch eine Gruppe zusammenfindet. Wie kommt es dazu, dass sich fünf Väter – und ihr wisst, was ich meine – entscheiden, solch ein Buch zu schreiben? Wir kennen ehrlich gesagt keine Plattform, die als Tinder für Buchautoren dient. Die Antwort ist daher einfacher: Netzwerk und Vertrauen. So hat sich dieser Zusammenschluss gebildet. Die Geschichte und die Zusammenhänge sind interessant genug, um sie hier zu teilen.

Der Dreh- und Angelpunkt ist **Benjamin (Ferreau)**, ein datengetriebener Stratege sowie Tech-, Innovations- und AI-Mastermind, der zehn Jahre lang die Transformation eines Familienunternehmens verantwortete. Danach lernte er die Start-up-Welt kennen, ist als Unternehmer und Beirat aktiv und zudem mehrfacher Dozent.

Profil	Benjamin Ferreau
Jahrgang	1984
Familie	Glücklicher Ehemann und stolzer Vater (3 Jahre)
Mein Berufswunsch als Kind	Investmentbanker
Meine Rolle im Job	Prediger und Coach
Das mag ich am Job	Permanente Veränderung, sonst wird es mir langweilig
Das mag ich am Job nicht	Unnötige und zu lange Meetings – muss auf den Spielplatz
Meine Superkraft	Multitasking-Kühe-vom-Eis-Schieber, während ich dabei Menschen davon überzeuge, alles erreichen zu können
Mein Signature Drink	Bier (leider), wobei ich gerade versuche, zum Sekt zu transformieren
Was ich immer schon mal sagen wollte	Don't fuck it up! … und hört mir mehr zu!

Benjamin wollte unbedingt ein Buch über die Transformation schreiben, da sie ihn so sehr beschäftigt und auch teilweise zur Verzweiflung treibt. Aber allein wollte er es nicht schreiben, daher dachte er nach, wen er für diese Schnapsidee – was es am Anfang auch war – begeistern könnte.

Zuerst kam er auf **Morten (Wolff)**, einen sympathischen Vertriebsenthusiasten, der den Vertrieb unter anderem bei Microsoft von der Pike auf kennengelernt und lieben gelernt hat. Heute zeigt er mit seiner Vertriebsmarke Unfck Sales und als Unternehmer, wie emotional und wichtig Vertrieb sein kann.

Profil	Morten Wolff
Jahrgang	1986
Familie	Beste Frau der Welt, beste zwei Jungs (2 und 5 Jahre)
Mein Berufswunsch als Kind	Tierarzt
Meine Rolle im Job	Mädchen für alles
Das mag ich am Job	Kein Tag ist wie der andere
Das mag ich am Job nicht	Kein Tag ist wie der andere
Meine Superkraft	Ich verstehe, was du mir sagst
Mein Signature Drink	Espresso
Was ich immer schon mal sagen wollte	Don't assume, ask!

Morten ist der Mann der Hebamme von Benjamins Frau. Während des Wochenbetts, in dem er übrigens Mortens Frau regelmäßig frisch gepressten Orangensaft zubereitete, erzählte sie von ihrem Mann Morten und seiner Firma namens Unfck Sales. Das war Grund genug, sich noch am selben Tag auf LinkedIn zu vernetzen. Die Zeit, bis Mortens Frau Morten von Benjamin erzählte, hätte Benjamin einfach viel zu lange gedauert. Heute können die beiden sagen, dass ihre Verbindung weit über das Geschäftliche hinausgeht. Morten sagte sofort zu.

Danach kam **Michael (Munder)**, ein strategischer Growth-Experte, der nach Investment Banking und Google, Möbel- und Einzelhandel, E-Commerce-Projekte aufbaute, um jetzt mit seinem Start-up und als Unternehmer zu zeigen, dass High-Luxury-Interior auch im Second-Hand-Segment erfolgreich verkauft werden kann.

Profil	Michael Munder
Jahrgang	1982
Familie	Glücklicher Ehemann und Vater von Zwillingen (5 Jahre), der seine beste Freundin jeden Tag bei sich hat
Mein Berufswunsch als Kind	Meeresbiologe
Meine Rolle im Job	Servant Leader, Transparenz, Visionär, Tech, Zukunfts- und Experience-Enthusiast
Das mag ich am Job	Agile Arbeit und die enge Arbeit mit Menschen

(Fortsetzung)

Profil	Michael Munder
Das mag ich am Job nicht	Behäbigkeit, unbegründete Ablehnung des Neuen, schlechte Führung
Meine Superkraft	Ganz viel Energie und Empathie kombiniert mit Optimistic Futuring
Mein Signature Drink	Pet-Nat, Mate, Matcha
Was ich immer schon mal sagen wollte:	We're in here for life, but we're not in here for one thing. It can change. It can change. It can change.

Die beiden kannten sich indirekt schon seit 2017, als Benjamin CEO eines KI-Start-ups war und Michael in seiner Rolle als Head of eCommerce bei DEPOT (Gries Deco) permanent versuchte, seine KI-Software zu verkaufen. Es war der freundlichste *Arschtritt*, den Benjamin bekommen hatte, weil er immer wieder auf die netteste Art und Weise vertröstet wurde – der Deal kam nie zustande, bevor das KI-Start-up eingestellt wurde. Sie blieben jedoch lose vernetzt und verfolgten die Stationen des jeweils anderen, weil sie immer irgendwie wussten, dass sie eines Tages etwas zusammen machen wollten. Michael sagte auch relativ sofort zu.

Der nächste in der Reihe war der andere **Michael (vom Sondern)**, ein vorausschauender Data- und Digitalexperte, der schon zwei Start-ups aufgebaut hatte, bevor er als CDO eines DAX-Unternehmens die Transformation operationalisierte und jetzt Unternehmen als Mastermind und Experte zur Seite steht.

Profil	Michael vom Sondern
Jahrgang	1978
Familie	Glücklicher und stolzer Vater von drei starken Töchtern, die sich nicht die Butter vom Brot nehmen lassen
Mein Berufswunsch als Kind	Verdeckter Ermittler beim Drogendezernat der Polizei von Miami (Sonny Crockett)
Meine Rolle im Job	Strategisch denkender Pragmatiker, der für gute Laune sorgt und gerne Dinge kreativ zerstört, um erfolgreich zu werden
Das mag ich am Job	Mit vielen interessanten Menschen an komplexen Herausforderungen arbeiten
Das mag ich am Job nicht	Buchhaltung (außer Rechnungen schreiben)
Meine Superkraft	Unendliche, positive Energie
Mein Signature Drink	Flat White Hafer
Was ich immer schon mal sagen wollte	Füchse sind gar keine Rudeltiere

Michael und Benjamin kannten sich zum Zeitpunkt des Starts des Buchprojekts am kürzesten, obwohl sie schon lange über LinkedIn vernetzt waren. Michael hatte ein BI-Start-up gegründet, das in die Peergroup von Benjamins KI-Start-up passte. Beide waren Hamburger Start-ups, und man kannte sich und sprach miteinander: über das Start-up-Leben und über eine Zeit, in der sich noch kaum jemand für KI und BI (Business Intelligence) interessierte. Zu diesem Zeitpunkt war Michael jedoch schon nicht mehr aktiv im Start-up, sondern zurück in die Corporate-Welt eingetaucht. Man beobachtete sich gegenseitig, und auch hier war es einfach ein guter Zeitpunkt, um endlich etwas gemeinsam zu machen. Die beiden starteten gleich mehrere Initiativen. Michael musste ein oder zwei Tage darüber nachdenken, bevor er zusagte.

Zu guter Letzt kam **Francesco (Ferreri)** dazu, ein innovationsgetriebener Geschäftsmodellexperte, der viele Stationen in einem Konzern durchlief, in die Start-up-Welt eintauchte, den Corporate-Venture-Bereich eines Medienkonzerns aufbaute und zugleich als Dozent tätig ist.

Profil	Francesco Ferreri
Jahrgang	1984
Familie	Glücklicher Papa von einem Kind
Mein Berufswunsch als Kind	Rechtsanwalt
Meine Rolle im Job	Gesellschafterflüsterer und Business Model Creator
Das mag ich am Job	Innovation durch Rekombination
Das mag ich am Job nicht	Sinnlose Meetings
Meine Superkraft	Geschäftsmodell-Perlentaucher
Mein Signature Drink	Old Fashioned
Was ich immer schon mal sagen wollte	Ich grüße alle, die ich kenne (im Radio)

Es ist komisch, dass Francesco als Letzter dazu kam – hatten Benjamin und Francesco nicht schon gemeinsam gegründet und die Höhen und Tiefen der Zusammenarbeit am eigenen Leib erlebt? Und hatten die beiden nicht schon seit etwa sechs Jahren gemeinsam doziert? Waren sie nicht bereits enge Freunde geworden? Genau aus diesem Grund, und weil Benjamin immer wieder mit irgendeiner Schnapsidee zu Francesco kam, war es nicht ganz einfach, ihm erneut einen Vorschlag zu unterbreiten. Es schien nicht der richtige Zeitpunkt zu sein, aber ohne Francesco ging es einfach nicht. Natürlich nicht. Francesco sagte auch gleich zu.

Warum beschreiben wir euch das so detailliert? Weil es genau so war und ist. Wir vermuten, dass so die Geschichten des Lebens geschrieben werden. Es geht dabei nicht darum, wer es begonnen hat oder wer als Erster dabei war – die Geschichte ist wahr und gut, aber am Ende geht es darum, dass sich Menschen gefunden haben, die tiefer gehen wollen, die auch während eines solchen Projekts eine andere Seite von sich zeigen, die mit vielen Themen struggeln. Menschen, die jedoch eine gemeinsame Erkenntnis hatten und diese weitergeben wollen, weil es wichtig ist und weil ihre Erfahrung nicht von der Hand zu weisen ist.

Im Folgenden haben wir – ja, wir sind alle verkappte Berater – ein Pattern, ein sogenanntes Muster erstellt, um uns jeweils einmal strukturiert vorzustellen. Danach geht es aber auch gleich los mit dem schweren, aber gut verdaulichen Content.

Hinweis: Die Profile der Autoren sind natürlich an einem Stichtag entstanden und können nach der Veröffentlichung „Veränderungen in Sinne der Transformation" aufweisen.

> **Blick hinter die Kulissen**
>
> In Form von digitalem Zusatzmaterial ist online über SpringerLink unser „Blick hinter die Kulissen" zur Entstehung dieses Buches abrufbar.
> Das Zusatzmaterial ist auf der Produktseite zum Buch unter der Vorschau zum ersten Kapitel zu finden.

2

Transformation
Was ist sie denn jetzt eigentlich?

Kann Transformation scheitern?
3 von 5 Vätern sagen ja, 2 nein!
(wir diskutieren weiter)

Wenn man(n) im wahrsten Sinne des Wortes ein etwas anderes Wirtschaftsbuch über die *Kunst der Transformation* schreibt, sollte man, das ist zu mindestens unsere Meinung, eine klare Meinung zu *Transformation* haben, um den Leser:innen eine fundierte Grundlage zu bieten. In diesem Buch ergibt sich unsere Definition der Transformation aus den Erfahrungen – wie schon erwähnt, aber doch immer wieder wichtig – von fünf Vätern, fünf Unternehmern und Führungskräften, die sowohl beruflich als auch privat immer wieder tiefgreifende Veränderungen durchlebt haben. Transformation ist mehr als nur ein Buzzword – sie ist ein dynamischer und vielschichtiger Prozess, der sich auf alle Aspekte eines Unternehmens auswirkt.

Dieses vielfältige Bild der Transformation, betrachtet aus verschiedenen Perspektiven, hat unser Verständnis des Themas geschärft. Wir wollen mit diesem Buch auch euch, die Leser:innen, inspirieren und euch unsere Erkenntnisse näherbringen.

2.1 Definition der Transformation

Die beziehungsweise unsere Definition lautet:

1. Die Transformation ist die notwendige Reaktion eines Unternehmens auf multiple, interne und externe Einflussfaktoren, die den aktuellen Zustand des Geschäftsmodells im Hinblick auf das Zielbild beeinflussen (Abb. 2.1).
2. Das Ziel der Transformation ist es demnach, auf Basis kontinuierlicher Geschäftsmodell-Innovationen, die Strategie dynamisch anzupassen, um sicherzustellen, dass der Kurs auf das Zielbild erhalten bleibt (Abb. 2.2).
3. Diese veränderungsfähige Strategie muss den Einklang der Dimensionen Organisation, Prozesse und Technologie sicherstellen, deren Zusammenwirken die Unternehmenskultur prägt (Abb. 2.3).

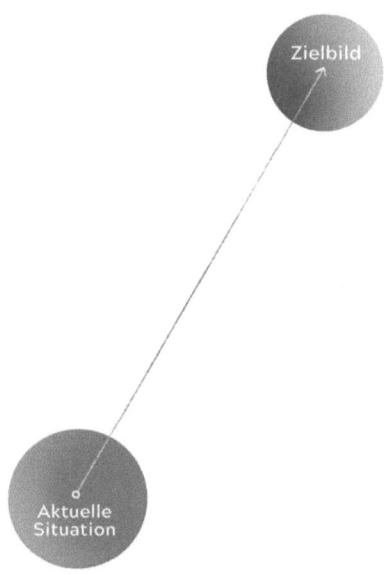

Abb. 2.1 Transformation Design Model, Phase 1. (Eigene Darstellung)

Abb. 2.2 Transformation Design Model, Phase 2. (Eigene Darstellung)

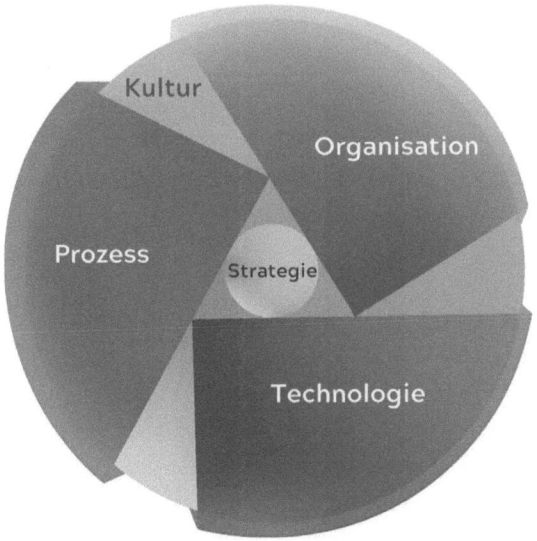

Abb. 2.3 Transformation Design Model, Phase 3. (Eigene Darstellung)

4. Die Transformation erfordert demnach spezifische Fähigkeiten, die in relevanten Narrativen operationalisiert werden. Diese Fähigkeiten sind entscheidend, um den Wandel erfolgreich zu steuern und in der Organisation zu verankern (Abb. 2.4).

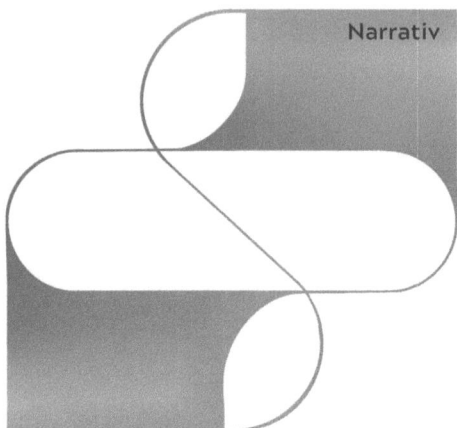

Abb. 2.4 Transformation Design Model, Phase 4. (Eigene Darstellung)

Einzelne Evolutionsstufen eines Geschäftsmodells können als Meilensteine der Transformation betrachtet werden, die den Fortschritt und den Erfolg dieses Prozesses sichtbar machen.

Zusammengefasst: Transformation sichert die langfristige Existenzberechtigung und Wettbewerbsfähigkeit eines Unternehmens.

2.2 Herleitung der Transformation

Um diese Definition besser zu verstehen und ihre Anwendung im Unternehmensalltag greifbarer zu machen, gehen wir nun tiefer auf die einzelnen Punkte ein. Wir werden die verschiedenen Einflussfaktoren detailliert betrachten, die Mechanismen hinter der Transformation erklären und anhand konkreter Beispiele verdeutlichen, wie Unternehmen auf diese Veränderungen reagieren können. So wird klar, warum die Transformation ein dynamischer, nie abgeschlossener Prozess ist, der ständige Anpassungen verlangt.

> Die Transformation ist die notwendige Reaktion eines Unternehmens auf multiple, interne und externe Einflussfaktoren, die den aktuellen Zustand des Geschäftsmodells im Hinblick auf das Zielbild beeinflussen.

Transformation ist keine einmalige Maßnahme, sondern eine dauerhafte Anpassung an interne und externe Einflüsse. Hierbei unterscheidet man zwischen verschiedenen Schichten der Transformation, die auf unterschiedliche Einflussfaktoren zurückzuführen sind. Diese Faktoren beeinflussen das Geschäftsmodell eines Unternehmens kontinuierlich und erfordern ständige Aufmerksamkeit.

Es gibt laut Grant (2019) und Johnson et al. (2017) die drei Ebenen (*layers of the business environment*) Macro Environmental Factors, Industry Environmental Factors und Organizational Capabilities Resources, die im Folgenden erläutert werden.

Macro Environmental Factors – am Beispiel des PESTEL-Modells
Das PESTEL-Modell ist ein anerkanntes Werkzeug zur Analyse externer Einflussfaktoren, das in der strategischen Planung verwendet wird. Es beschreibt die politischen, ökonomischen, soziokulturellen, technologischen, ökologischen und rechtlichen Einflüsse, die auf Unternehmen einwirken und Veränderungen notwendig machen (Grant, 2019). Diese Faktoren zwingen Unternehmen, ihre Strategien und Prozesse kontinuierlich anzupassen, um wettbewerbsfähig zu bleiben.

Politische Faktoren Politische Instabilität, Handelskriege oder neue Regulierungen können erhebliche Auswirkungen auf Unternehmen haben.

> **Beispiel**
>
> Der Brexit zwang viele europäische Unternehmen, ihre Lieferketten und Handelsabkommen neu zu gestalten (Johnson et al., 2017). Auch neue Steuergesetze oder Zölle können Geschäftsmodelle beeinflussen und erfordern eine Transformation in der Beschaffung oder Preisgestaltung.

Ökonomische Faktoren Wirtschaftliche Schwankungen wie Inflation, Wechselkursschwankungen oder Rezessionen zwingen Unternehmen dazu, ihre Kostenstrukturen und Einnahmequellen zu überdenken.

> **Beispiel**
>
> Ein prominentes Beispiel ist die COVID-19-Pandemie, die weltweit zu einem drastischen wirtschaftlichen Einbruch führte und Unternehmen dazu zwang, ihre Geschäftsmodelle von stationär auf digital zu transformieren (Grant, 2019). Start-ups wie Lieferdienste und E-Commerce-Unternehmen erlebten hingegen ein enormes Wachstum, da sie sich schnell an veränderte Kundenbedürfnisse anpassen konnten.

Soziokulturelle Faktoren Gesellschaftliche Veränderungen und Wertewandel beeinflussen die Art und Weise, wie Unternehmen ihre Kunden erreichen und ihre Produkte positionieren. Der wachsende Fokus auf Diversität, Gleichstellung und soziale Verantwortung zwingt Unternehmen, sich intern und extern entsprechend auszurichten (Porter, 2008).

> **Beispiel**
>
> Die steigende Nachfrage nach ethisch produzierten Produkten zwingt Unternehmen in der Modeindustrie, ihre Lieferketten und Produktionsprozesse transparenter und nachhaltiger zu gestalten. Marken wie Patagonia und Everlane haben diese Entwicklungen erfolgreich in ihre Unternehmensstrategien integriert.

Technologische Faktoren Der technologische Fortschritt ist einer der mächtigsten externen Treiber der Transformation. Innovationen wie Künstliche Intelligenz (KI), Automatisierung und Blockchain-Technologie verändern Branchen grundlegend.

> **Beispiel**
>
> In der Automobilindustrie führen technologische Entwicklungen bei Elektrofahrzeugen und autonomen Fahrzeugen zu radikalen Umbrüchen (Johnson et al., 2017). Unternehmen, die sich nicht an diese neuen Technologien anpassen, riskieren, vom Markt verdrängt zu werden.

Ökologische Faktoren Der Druck auf Unternehmen, nachhaltig und umweltfreundlich zu handeln, wächst stetig. Klima- und Umweltauflagen sowie der gesellschaftliche Druck, den CO_2-Fußabdruck zu verringern, zwingen Unternehmen zur Anpassung ihrer Geschäftsmodelle.

> **Beispiel**
>
> Unternehmen wie Unilever setzen zunehmend auf nachhaltige Produktionsmethoden und haben Klimaziele als festen Bestandteil ihrer Unternehmensstrategie verankert (Grant, 2019).

Rechtliche Faktoren Änderungen im rechtlichen Umfeld, wie z. B. neue Arbeitsgesetze, Datenschutzrichtlinien (wie die DSGVO in Europa) oder Anti-Kartell-Gesetze, können Unternehmen ebenfalls stark beeinflussen.

> **Beispiel**
>
> Die Einführung der EU-Datenschutzgrundverordnung (DSGVO) zwang Unternehmen weltweit, ihre Datenschutzpraktiken zu überarbeiten. Dies erforderte erhebliche Anpassungen in den Bereichen IT, Marketing und Kundenbetreuung, um den neuen Anforderungen gerecht zu werden (Porter, 2008).

Diese externen Faktoren wirken oft gleichzeitig auf Unternehmen ein und erfordern eine permanente Überprüfung und Anpassung der Geschäftsmodelle. Unternehmen, die diese Einflüsse ignorieren oder zu langsam darauf reagieren, riskieren, den Anschluss zu verlieren. Die Fähigkeit, sich schnell und flexibel an politische, wirtschaftliche, technologische und gesellschaftliche Veränderungen anzupassen, wird zunehmend zum Erfolgsfaktor in der globalen Wirtschaft.

Industry Environmental Factors – am Beispiel von Porters Fünf-Kräfte-Modell
Das Fünf-Kräfte-Modell von Michael E. Porter (1979) bietet eine umfassende Analyse der internen Dynamiken, die innerhalb eines Unter-

nehmens und seiner Branche bestehen. Es beschreibt die Wettbewerbskräfte, die darüber entscheiden, wie stark der Wettbewerb in einer Branche ist und wie Unternehmen darauf reagieren müssen. Diese Kräfte beeinflussen maßgeblich die internen Prozesse, Ressourcenallokationen und strategischen Entscheidungen eines Unternehmens, um wettbewerbsfähig zu bleiben.

Die fünf Kräfte sind:

Verhandlungsmacht der Lieferanten Die Lieferanten eines Unternehmens spielen eine Schlüsselrolle bei der Sicherstellung von Rohstoffen, Dienstleistungen oder Technologien. Wenn Lieferanten über starke Verhandlungsmacht verfügen, können sie Preise erhöhen oder die Qualität ihrer Produkte beeinflussen, was wiederum Auswirkungen auf die Rentabilität eines Unternehmens hat. Unternehmen müssen ihre internen Prozesse dahingehend anpassen, dass sie Alternativen zu Lieferanten aufbauen oder in Verhandlungen stärker auftreten.

> **Beispiel**
>
> In der Elektronikindustrie haben Hersteller wie Apple damit begonnen, Lieferketten zu diversifizieren, um Abhängigkeiten von einzelnen Zulieferern (insbesondere in Asien) zu verringern. Dies erforderte eine umfangreiche Umstellung der Beschaffungsprozesse und Vertragsverhandlungen.

Verhandlungsmacht der Kunden Kunden sind ein entscheidender Faktor für den Erfolg eines Unternehmens. Je größer ihre Verhandlungsmacht ist, desto mehr Druck können sie auf die Preise und die Qualität der Produkte ausüben. Wenn Kunden mehr Macht haben, müssen Unternehmen ihre internen Prozesse optimieren, um schneller auf Kundenwünsche einzugehen und bessere Konditionen anbieten zu können.

> **Beispiel**
>
> Im E-Commerce haben Unternehmen wie Amazon durch ihre Plattformen und hohen Kundenservicestandards die Erwartungen der Kunden in Bezug auf schnelle Lieferung und niedrige Preise drastisch erhöht. Andere Einzelhändler mussten ihre Logistikprozesse und Kundensupportstrukturen anpassen, um wettbewerbsfähig zu bleiben.

Bedrohung durch neue Wettbewerber Der Eintritt neuer Konkurrenten in eine Branche kann eine Bedrohung darstellen, da diese neue Technologien, Dienstleistungen oder Geschäftsmodelle mitbringen und damit Marktanteile abnehmen könnten. Um dieser Bedrohung zu begegnen, müssen Unternehmen ihre internen Strukturen und Prozesse flexibel genug gestalten, um schnell auf neue Wettbewerber zu reagieren. Dazu gehört auch, eigene Innovationsprozesse zu beschleunigen und die Markteintrittsbarrieren hochzuhalten.

> **Beispiel**
>
> In der Automobilbranche bedrohen neue Wettbewerber wie Tesla etablierte Unternehmen. Traditionsmarken wie BMW und Mercedes-Benz mussten ihre Innovationsprozesse erheblich beschleunigen, um mit der Entwicklung von Elektrofahrzeugen Schritt zu halten und so ihre Marktanteile zu sichern.

Bedrohung durch Ersatzprodukte Ersatzprodukte, die dieselben Bedürfnisse der Kunden auf neue, innovative Weise erfüllen, stellen eine ständige Bedrohung für bestehende Geschäftsmodelle dar. Unternehmen müssen ihre internen Ressourcen ständig überwachen und bereit sein, in F&E (Forschung und Entwicklung) zu investieren, um innovative Produkte oder Dienstleistungen zu entwickeln, die diese Bedrohung abwehren.

> **Beispiel**
>
> Im Telekommunikationssektor bedrohen Messaging-Dienste wie WhatsApp oder Skype traditionelle SMS- und Telefonieangebote. Telekommunikationsunternehmen mussten sich anpassen, indem sie alternative Umsatzmodelle entwickelten, wie beispielsweise datengetriebene Dienstleistungen.

Rivalität unter bestehenden Wettbewerbern Die Rivalität zwischen bestehenden Unternehmen in einer Branche kann sehr intensiv sein, insbesondere in reifen Märkten – Red Ocean –, in denen das Wachstum langsam ist. Diese Rivalität zwingt Unternehmen dazu, sich kontinuierlich zu optimieren, Kosten zu senken, die Qualität zu verbessern und Kundenbindung zu stärken. Intern bedeutet dies oft, dass Unternehmen effizientere Produktions- und Vertriebsprozesse einführen müssen, um wettbewerbsfähig zu bleiben.

> **Beispiel**
> Die Rivalität in der Luftfahrtindustrie zwischen Unternehmen wie Boeing und Airbus ist legendär. Beide Unternehmen müssen ständig ihre Produktionsprozesse optimieren, um effizienter zu sein und gleichzeitig Innovationen wie neue Flugzeugmodelle zu entwickeln. Dies erfordert massive Investitionen in interne Prozesse und F&E.

Diese internen Kräfte wirken auf die strategische Ausrichtung eines Unternehmens und zwingen es, interne Strukturen und Prozesse kontinuierlich zu hinterfragen und anzupassen. Unternehmen, die diese Kräfte unterschätzen, laufen Gefahr, ihre Wettbewerbsfähigkeit zu verlieren. Die Fähigkeit, auf interne Faktoren flexibel zu reagieren und diese als Teil der kontinuierlichen Transformation zu sehen, ist entscheidend für langfristigen Erfolg.

Organizational Capabilities & Resources – am Beispiel des ressourcenbasierten Ansatzes (Resource-Based View)
Der Resource-Based View (RBV) ist ein gutes Beispiel, um den Erfolg eines Unternehmens durch die optimale Nutzung der internen Ressourcen zu erklären. Im Gegensatz zu marktorientierten Theorien, die externe Faktoren wie den Wettbewerb in den Vordergrund stellen, fokussiert sich der RBV auf die internen Fähigkeiten und Ressourcen eines Unternehmens, die es ihm ermöglichen, nachhaltige Wettbewerbsvorteile zu erzielen (Barney, 1991).

Die Kernidee des RBV ist, dass Unternehmen durch die strategische Nutzung und Entwicklung einzigartiger Ressourcen, die wertvoll (*valua-*

ble), selten (*rare*), schwer imitierbar (*inimitable*) und nicht substituierbar (*non-substitutable*) sind (VRIN-Kriterien), langfristig überlegene Leistungen erbringen können.

Die wichtigsten Ressourcen eines Unternehmens, die für die Transformation relevant sind, lassen sich in die folgenden Kategorien unterteilen:

Unternehmenskultur Unternehmenskultur kann eine der wertvollsten Ressourcen sein, da sie die Fähigkeit eines Unternehmens bestimmt, auf Veränderungen zu reagieren. Eine Kultur, die Offenheit, Innovation und Flexibilität fördert, gibt dem Unternehmen die nötige Grundlage, um Transformationen erfolgreich zu meistern. Unternehmen wie Google oder Spotify haben durch ihre Kultur von Innovation und Agilität erhebliche Wettbewerbsvorteile aufgebaut, die sie gegenüber Wettbewerbern widerstandsfähiger machen.

Führungsstil Die Führungsfähigkeiten und das Management-Know-how eines Unternehmens zählen ebenfalls zu den zentralen Ressourcen. Ein partizipativer und offener Führungsstil fördert die Innovationskraft und Entscheidungsfähigkeit auf allen Ebenen des Unternehmens. Unternehmen mit einem dynamischen Führungsansatz, wie z. B. Zappos mit seiner „Holacracy", schaffen es, Veränderungen schneller zu antizipieren und umzusetzen. Der Führungsstil eines Unternehmens kann daher als strategische Ressource gesehen werden, die Transformationen entweder unterstützt oder blockiert.

Innovationskraft Unternehmen, die in der Lage sind, kontinuierlich innovative Produkte oder Dienstleistungen zu entwickeln, sind langfristig widerstandsfähiger gegenüber externen Schocks und technologischen Disruptionen. Diese Innovationskraft ist eine der wichtigsten Ressourcen, die Unternehmen dabei hilft, neue Märkte zu erschließen und sich von der Konkurrenz abzuheben. Tesla ist ein Paradebeispiel für ein Unternehmen, das durch seine Innovationskraft einen nachhaltigen Wettbewerbsvorteil aufgebaut hat, indem es Elektrofahrzeuge und autonome Systeme entwickelt und erfolgreich vermarktet hat.

Ressourcenverfügbarkeit Die Verfügbarkeit von finanziellen, technologischen und personellen Ressourcen bestimmt maßgeblich, wie gut ein Unternehmen auf Veränderungen reagieren kann. Amazon ist ein Beispiel für ein Unternehmen, das durch seine massiven finanziellen Ressourcen in der Lage war, sich in neuen Märkten wie Cloud Computing und Streaming zu etablieren. Unternehmen mit umfangreichen Ressourcen haben die nötige Flexibilität, in neue Technologien und Märkte zu investieren und somit Transformationsprozesse schneller und effektiver umzusetzen.

Red Ocean vs. Blue Ocean: Strategien basierend auf Ressourcen
Nachdem wir nun die externen, internen und unternehmensspezifischen Faktoren im Detail betrachtet haben, lässt sich die Entscheidung eines Unternehmens, ob es in einem Red Ocean (hart umkämpften Markt) bleibt oder in einen Blue Ocean (neuen, unerschlossenen Markt) vordringt, durch die optimale Nutzung seiner Ressourcen sehr gut veranschaulichen.

Red-Ocean-Strategie Unternehmen, die in stark umkämpften Märkten agieren, müssen ihre Ressourcen gezielt einsetzen, um Effizienz zu steigern und Kosten zu senken. Interne Prozesse und Ressourcen müssen so optimiert werden, dass das Unternehmen seine Wettbewerbsfähigkeit durch Kostenvorteile oder Differenzierung behaupten kann. Unternehmen wie McDonald's verfolgen im umkämpften Fast-Food-Markt eine Red-Ocean-Strategie, indem sie ihre technologischen und operativen Ressourcen effizient einsetzen, um Kostenführerschaft und schnelle Lieferung zu gewährleisten.

Blue-Ocean-Strategie Unternehmen, die eine Blue-Ocean-Strategie verfolgen, nutzen ihre einzigartigen Ressourcen, um neue Märkte zu erschließen, in denen der Wettbewerb gering oder gar nicht vorhanden ist. Innovationskraft und Kreativität sind die entscheidenden Ressourcen, die Unternehmen benötigen, um in einem Blue Ocean erfolgreich zu sein. Cirque du Soleil ist ein Beispiel für ein Unternehmen, das durch eine Blue-Ocean-Strategie einen neuen Markt geschaffen hat, indem es traditionelle Zirkuskunst mit Theater und Kunst verschmolz. Diese Strategie ermöglichte es dem Unternehmen, sich von der Konkurrenz abzuheben und in einem weitgehend unerschlossenen Markt zu operieren.

> Das Ziel der Transformation ist es demnach, auf Basis kontinuierlicher Geschäftsmodell-Innovationen, die Strategie dynamisch anzupassen, um sicherzustellen, dass der Kurs auf das Zielbild erhalten bleibt.

Das Ziel der Transformation ist es sicherzustellen, dass der Kurs auf das Zielbild kontinuierlich gehalten wird. Doch was genau verstehen wir unter dem „Zielbild"? Das Zielbild eines Unternehmens kann als eine Art „Nordstern" betrachtet werden – eine langfristige Vision, die Orientierung bietet. Es beschreibt den idealen Zustand, den ein Unternehmen erreichen möchte, und umfasst mehrere Dimensionen:

Vision und Mission Dies sind die fundamentalen Leitbilder eines Unternehmens. Die Vision beschreibt, wohin sich das Unternehmen langfristig entwickeln möchte.

> **Beispiel**
> Ein Technologieunternehmen könnte das Ziel verfolgen, durch Innovation die digitale Zukunft aktiv mitzugestalten. Die Mission beschreibt den Zweck des Unternehmens und den Beitrag, den es zur Gesellschaft oder zum Markt leistet. Die Mission definiert das Warum des Unternehmens und verleiht der Vision eine konkrete Richtung.

Werte und Kultur Ein Teil des Zielbildes betrifft die Werte, die ein Unternehmen vertritt, und die Kultur, die es lebt. Diese müssen in Einklang mit der Transformation stehen, um sicherzustellen, dass das Unternehmen sich nicht nur technologisch und prozessual, sondern auch kulturell weiterentwickelt. Unternehmenskultur ist oft der entscheidende Faktor, der über den Erfolg oder Misserfolg einer Transformation entscheidet, da sie das Verhalten der Mitarbeiter beeinflusst und die Implementierung von Veränderungen maßgeblich prägt.

Langfristige Ziele (Profit, People, Planet) Heutzutage wird Transformation oft als Dreiklang aus wirtschaftlichem Erfolg (Profit), gesellschaftlicher Verantwortung (People) und Nachhaltigkeit (Planet) verstanden. Ein Unternehmen, das langfristig bestehen möchte, muss sich nicht nur an finanziellen Zielen orientieren, sondern auch die Umwelt und die Menschen im Blick behalten. Dieser Dreiklang ist integraler Bestandteil moderner Unternehmensstrategien und bildet die Grundlage für nachhaltiges Wirtschaften.

> **Beispiel**
>
> Ein Unternehmen, das sich das Ziel setzt, bis 2030 klimaneutral zu sein, muss seine internen Prozesse entsprechend anpassen und sicherstellen, dass alle Maßnahmen auf dieses Zielbild ausgerichtet sind. Um dies zu erreichen, müssen innovative Technologien implementiert und die Unternehmenskultur in Richtung Nachhaltigkeit transformiert werden.

Geschäftsmodell-Innovation als Schlüssel zur Transformation
Geschäftsmodell-Innovation bezieht sich auf die Neugestaltung oder radikale Anpassung der bestehenden Geschäftslogik eines Unternehmens, um sich an veränderte Marktbedingungen anzupassen oder neue Wachstumsfelder zu erschließen. Sie ist ein wesentlicher Bestandteil der Transformation und umfasst verschiedene Ansätze und Techniken, die Innovation und Anpassung fördern, wenn sie in der Arbeit und Kultur des Unternehmens verankert sind:

Design Thinking Design Thinking ist ein nutzerzentrierter Innovationsansatz, der Unternehmen dabei hilft, neue Geschäftsmodelle zu entwickeln, indem er auf die Bedürfnisse und Probleme der Kunden eingeht. Der iterative Prozess von Empathie, Definition, Ideenfindung, Prototyping und Testing sorgt dafür, dass Produkte und Dienstleistungen entstehen, die den Bedürfnissen der Zielgruppen entsprechen. Besonders in der Geschäftsmodell-Innovation ist Design Thinking wertvoll, um aus der Perspektive des Nutzers neue Ansätze zu erarbeiten und in den Markt einzuführen (Brown, 2009).

Rapid Innovation Rapid Innovation ist eine Methode, um schnell neue Ideen und Geschäftsmodelle zu testen und auf ihre Machbarkeit hin zu überprüfen. Es kombiniert schnelle Prototypenentwicklung und kontinuierliches Feedback, um sicherzustellen, dass neue Ideen möglichst effizient validiert werden. Gerade in Transformationsprozessen ist es wichtig, neue Geschäftsmodelle schnell zu testen, um sie frühzeitig anpassen oder verwerfen zu können, ohne große Ressourcen zu verschwenden. Dieser Ansatz ermöglicht eine agile Anpassung des Geschäftsmodells, was besonders in Zeiten disruptiver Veränderungen entscheidend ist (Ries, 2011).

Business Model Canvas Ein populäres Werkzeug zur Darstellung von Geschäftsmodell-Innovationen ist das Business Model Canvas von Osterwalder und Pigneur (2010). Es strukturiert die wesentlichen Elemente eines Geschäftsmodells und hilft Unternehmen, ihre Strategie kontinuierlich zu überprüfen und anzupassen. Hierbei werden neun Schlüsselfaktoren beleuchtet, darunter Wertangebote, Kundenbeziehungen, Kanäle und Kostenstrukturen.

Die Balanced Scorecard als Werkzeug zur Verfolgung des Zielbildes
Ein bewährtes Werkzeug, um die strategischen Ziele in einer strukturierten und messbaren Weise zu verfolgen, ist die Balanced Scorecard von Kaplan und Norton (1996). Sie übersetzt die Vision und Mission eines Unternehmens in konkrete Maßnahmen und ermöglicht es, die verschiedenen Dimensionen des Zielbildes in Einklang zu bringen:

Finanzielle Perspektive Diese Perspektive zeigt auf, welche finanziellen Ziele erreicht werden müssen, um den langfristigen Erfolg des Unternehmens sicherzustellen. Typische Kennzahlen sind Umsatzwachstum, Gewinnmargen und Rentabilität (ROI). Die finanzielle Perspektive stellt sicher, dass das Unternehmen nachhaltig wirtschaftet und ausreichend Ressourcen für die Erreichung seiner Vision generiert.

Kundenperspektive Hier geht es darum, wie das Unternehmen von seinen Kunden wahrgenommen werden möchte. Ziele wie Kundenzufriedenheit, Kundenbindung und Markentreue stehen im Vordergrund. Unternehmen müssen sicherstellen, dass ihre Produkte und Dienstleistungen den Erwartungen der Kunden entsprechen und dabei helfen, das Zielbild zu erreichen. Messinstrumente wie der Net Promoter Score (NPS) oder Kundenumfragen helfen, den Erfolg in dieser Perspektive zu bewerten.

Interne Prozessperspektive Welche internen Prozesse müssen optimiert werden, um die strategischen Ziele zu erreichen? Diese Perspektive konzentriert sich auf Effizienzsteigerung, Innovation und die Flexibilität der Abläufe. Unternehmen, die ihre internen Prozesse kontinuierlich verbessern, können schneller und effizienter auf Veränderungen reagieren und so die Transformationsziele besser erreichen. Methoden wie Lean Management oder Agile Frameworks spielen hier eine zentrale Rolle.

Lern- und Entwicklungsperspektive Diese Perspektive fokussiert sich auf die kontinuierliche Entwicklung der Fähigkeiten der Mitarbeiter sowie die organisatorische Lernfähigkeit. Unternehmen müssen sicherstellen, dass ihre Mitarbeiter die richtigen Kompetenzen entwickeln und dass eine Kultur des Lernens gefördert wird. Dies stärkt die Innovationskraft und schafft die Voraussetzungen dafür, die langfristigen Ziele zu erreichen.

Die Balanced Scorecard ermöglicht es, die strategische Ausrichtung eines Unternehmens ganzheitlich zu überwachen und sicherzustellen, dass alle relevanten Bereiche auf das langfristige Zielbild abgestimmt sind. Durch regelmäßige Anpassungen bleibt das Unternehmen flexibel und gleichzeitig auf seine Vision und Mission fokussiert.

> Diese veränderungsfähige Strategie muss den Einklang der Dimensionen Organisation, Prozesse und Technologie sicherstellen, deren Zusammenwirken die Unternehmenskultur prägt.

Transformation ist ein dynamischer Prozess, der die Strategie eines Unternehmens kontinuierlich neu definiert. Strategie wird oft als die Kunst verstanden, Ressourcen optimal einzusetzen, um langfristige Ziele zu erreichen (Ansoff, 1965). Die zentralen Ressourcen eines Unternehmens sind in der modernen Wirtschaft Organisation, Technologie und Prozesse – und diese müssen harmonisch zusammenwirken, um den Anforderungen der Transformation gerecht zu werden. Die erfolgreiche Transformation setzt voraus, dass diese drei Dimensionen nicht isoliert betrachtet werden, sondern eng miteinander verknüpft sind und dynamisch an die sich wandelnden Umweltbedingungen angepasst werden.

Organisation Die Organisationsstruktur eines Unternehmens spielt eine entscheidende Rolle bei der Transformation. Sie muss flexibel genug sein, um schnell auf Veränderungen reagieren zu können. In traditionellen, stark hierarchischen Strukturen ist diese Flexibilität oft eingeschränkt, weshalb viele Unternehmen auf flache Hierarchien, agile Teams und eine offene Kommunikation setzen. Eine agile Organisation kann schneller auf externe Impulse reagieren und interne Ressourcen effizienter nutzen, um die strategischen Ziele zu erreichen.

> **Beispiel**
>
> Spotify ist ein Unternehmen, das eine agile Organisationsstruktur eingeführt hat, die es Teams erlaubt, autonom zu arbeiten und schnell auf Veränderungen zu reagieren. Diese Flexibilität hat dem Unternehmen geholfen, sich in einem hart umkämpften Streaming-Markt zu behaupten und durch Innovationen und schnelle Reaktionen auf Nutzerbedürfnisse neue Erlösströme zu erzielen.

Technologie Technologie ist oft der Treiber für Transformation. Neue technologische Entwicklungen, sei es durch künstliche Intelligenz, Automatisierung oder Cloud-Technologien, ermöglichen es Unternehmen, effizienter zu arbeiten und neue Geschäftsmodelle zu entwickeln. Doch Technologie allein reicht nicht aus; sie muss sinnvoll in die Geschäftsprozesse integriert und an die spezifischen Anforderungen der Organisation angepasst werden. Ohne die richtige strategische Ausrichtung der Technologie auf die Unternehmensziele wird der Mehrwert oft nicht ausgeschöpft.

> **Beispiel**
>
> Unternehmen wie Amazon haben es verstanden, Technologie effizient in ihre Prozesse zu integrieren. Durch die Entwicklung eigener Technologien im Bereich der Logistik und Cloud-Services hat Amazon nicht nur Kosten gesenkt, sondern auch neue Märkte erschlossen. Die erfolgreiche Integration der Technologie in ihre Geschäftsstrategie hat es ihnen ermöglicht, ihren Wettbewerbsvorteil auszubauen.

Prozesse Prozesse müssen flexibel und effizient gestaltet sein, um die Dynamik der Transformation zu unterstützen. Unternehmen müssen in der Lage sein, ihre Prozesse kontinuierlich zu optimieren, um den Anforderungen eines sich ständig verändernden Marktes gerecht zu werden. Hier kommen Methoden wie Lean Management oder Agile Frameworks ins Spiel, die darauf abzielen, Verschwendung zu minimieren und die Wertschöpfung zu maximieren. Flexibel gestaltete Prozesse ermöglichen es, schneller auf Kundenanforderungen und Marktveränderungen zu reagieren, ohne dass die Effizienz leidet.

> **Beispiel**
>
> Toyota ist ein Vorreiter im Bereich Lean Management und hat seine Produktionsprozesse so gestaltet, dass sie flexibel genug sind, um schnell auf veränderte Kundenbedürfnisse und Marktanforderungen zu reagieren. Dies ermöglichte dem Unternehmen, eine effiziente Produktion bei hoher Qualität sicherzustellen.

Um die strategische Ausrichtung kontinuierlich zu überprüfen und anzupassen, haben sich verschiedene Modelle bewährt:

7-S-Modell nach McKinsey Dieses Modell hilft Unternehmen dabei, ihre internen Strukturen und Prozesse im Hinblick auf die Umsetzung von Strategien zu analysieren und zu verbessern. Es umfasst die sieben Schlüsselkomponenten Strategie, Struktur, Systeme, Stil, Shared Values, Staff und Skills. Alle diese Elemente müssen aufeinander abgestimmt werden, damit die Transformation erfolgreich ist (Peters & Waterman, 1982).

Balanced Scorecard Die Balanced Scorecard bietet – wie oben bereits beschrieben – Unternehmen die Möglichkeit, ihre strategischen Ziele messbar zu machen und dabei finanzielle, kundenbezogene, interne prozess- und lernbezogene Perspektiven zu berücksichtigen. Sie hilft dabei, die strategische Ausrichtung kontinuierlich zu verfolgen und anzupassen, um langfristig erfolgreich zu sein (Kaplan & Norton, 1996). Dieses Modell stellt sicher, dass alle Aspekte eines Unternehmens auf die übergeordnete Strategie abgestimmt sind.

Es gibt noch ein weiteres neues Modelle, das später detailliert beschrieben wird.

> Die Transformation erfordert demnach spezifische Fähigkeiten, die in relevanten Narrativen operationalisiert werden. Diese Fähigkeiten sind entscheidend, um den Wandel erfolgreich zu steuern und in der Organisation zu verankern.

In der Transformation müssen Führungskräfte gezielt strategische Fähigkeiten entwickeln, um die Veränderungen nicht nur zu initiieren, sondern nachhaltig zu implementieren. Diese strategischen Fähigkeiten ermöglichen es, den Wandel effektiv zu operationalisieren, indem sie in der Organisation durch präzise, kohärente Narrative verankert werden, die von der Belegschaft verstanden und mitgetragen werden.

Die Maßnahmen, die aus der dynamischen Strategie abgeleitet werden, bestimmen den Weg der Transformation. Jede Entscheidung, die getroffen wird, kann entweder Fortschritt oder Rückschritt bedeuten. Führungskräfte müssen sorgfältig abwägen, welche Maßnahmen sie ergreifen und wie diese auf das langfristige Zielbild des Unternehmens einzahlen. Die Kunst der strategischen Führung liegt darin, Ressourcen optimal einzusetzen, um nachhaltige Erfolge zu erzielen (Ansoff, 1965).

Es ist entscheidend, dass die Maßnahmen nicht nur auf kurzfristige Erfolge ausgerichtet sind, sondern das Unternehmen langfristig in Richtung des Zielbildes lenken. Hier einige wichtige Aspekte, die bei der Umsetzung von Maßnahmen berücksichtigt werden sollten:

Regelmäßige Überprüfung der Maßnahmen Maßnahmen müssen regelmäßig auf ihre Wirksamkeit überprüft und, wenn nötig, angepasst werden. Ein statisches Vorgehen führt oft zu Rückschritten, da sich die Rahmenbedingungen im Unternehmen und im Markt kontinuierlich verändern (Kaplan & Norton, 1996). Flexibilität und Anpassungsfähigkeit sind daher entscheidend für den langfristigen Erfolg. Führungskräfte sollten regelmäßig Feedbackschleifen einbauen, um die Fortschritte zu messen und gegebenenfalls nachzusteuern.

Stakeholder-Management Jede Entscheidung innerhalb eines Transformationsprozesses hat Auswirkungen auf verschiedene Stakeholder – seien es Mitarbeiter, Kunden, Geschäftspartner oder Investoren (Freeman, 1984). Daher ist es wichtig, deren Bedürfnisse und Erwartungen in den Transformationsprozess zu integrieren. Ein gelungenes Stakeholder-Management fördert nicht nur die Akzeptanz der getroffenen Maßnahmen, sondern stellt auch sicher, dass die Transformation von allen relevanten Gruppen mitgetragen wird.

Kommunikation und Transparenz Um eine erfolgreiche Transformation zu gestalten, müssen die Maßnahmen klar und transparent kommuniziert werden. Die Belegschaft muss verstehen, warum bestimmte Entscheidungen getroffen werden und wie sie zum Erfolg der Transformation beitragen können. Eine transparente Kommunikation schafft Vertrauen und sorgt dafür, dass alle Beteiligten die Richtung der Veränderung unterstützen (Kotter, 1996). Nur wenn die Vision und die damit verbundenen Maßnahmen klar und verständlich kommuniziert werden, kann die Transformation erfolgreich umgesetzt werden.

> Unsere steile These bleibt bestehen: Transformation können nicht scheitern, nur die Maßnahmen, die von einzelnen Individuen entschieden werden.

Transformation ist ein kontinuierlicher Prozess, der von der Anpassungsfähigkeit der Führungskräfte und der Belegschaft lebt. Fehlentscheidungen und suboptimale Maßnahmen können Rückschritte bedeuten, doch der Prozess der Transformation selbst ist dynamisch und passt sich den gegebenen Umständen an. Die Flexibilität der Maßnahmen und ihre regelmäßige Anpassung an die sich wandelnden Bedingungen sind entscheidend, um auf dem Weg zum langfristigen Zielbild erfolgreich zu sein.

Literatur

Ansoff, H. I. (1965). *Corporate strategy: An analytic approach to business policy for growth and expansion.* McGraw-Hill.
Barney, J. (1991). Firm resources and sustained competitive advantage. *Journal of Management, 17*(1), 99–120.
Brown, T. (2009). *Change by design: How design thinking transforms organizations and inspires innovation.* Harper Business.
Freeman, R. E. (1984). *Strategic management: A stakeholder approach.* Pitman Publishing.
Grant, R. M. (2019). *Contemporary strategy analysis.* Wiley.
Johnson, G., Scholes, K., & Whittington, R. (2017). *Exploring strategy: Text and cases.* Pearson Education.
Kaplan, R. S., & Norton, D. P. (1996). *The balanced scorecard: Translating strategy into action.* Harvard Business Review Press.
Kotter, J. P. (1996). *Leading change.* Harvard Business Review Press.
Osterwalder, A., & Pigneur, Y. (2010). *Business model generation: A handbook for visionaries, game changers, and challengers.* Wiley.
Peters, T. J., & Waterman, R. H. (1982). *In search of excellence: Lessons from America's best-run companies.* Harper & Row.
Porter, M. E. (1979). *Competitive strategy: Techniques for analyzing industries and competitors.* Free Press.
Porter, M. E. (2008). The five competitive forces that shape strategy. *Harvard Business Review.*

Ries, E. (2011). *The lean startup: How today's entrepreneurs use continuous innovation to create radically successful businesses.* Crown Business.

Weiterführende Literatur

Barney, J. B., & Hesterly, W. S. (2012). *Strategic Management and Competitive Advantage: Concepts and Cases.* Pearson Education.
Collins, J. C., & Porras, J. I. (1996). Building your company's vision. *Harvard Business Review.*
Elkington, J. (1997). *Cannibals with Forks: The triple bottom line of 21st century business.* Capstone.
Porter, M. E. (1985). *Competitive advantage: Creating and sustaining superior performance.* Free Press.
Schein, E. H. (2010). *Organizational culture and leadership.* Jossey-Bass.
Teece, D. J., Pisano, G., & Shuen, A. (1997). Dynamic capabilities and strategic management. *Strategic Management Journal, 18*(7), 509–533.
Wernerfelt, B. (1984). A resource-based view of the firm. *Strategic Management Journal, 5*(2), 171–180.
Womack, J. P., & Jones, D. T. (2003). *Lean thinking: Banish waste and create wealth in your corporation.* Free Press.

3

Vatersein
Die unerwartete Schule der Führung

Was macht für euch Transformation aus?
Alles ist schwer, bevor es einfach wird!

In der Einleitung haben wir bereits mehrfach auf die Analogie zwischen Vatersein und Transformation bzw. der Rolle als Führungskraft hingewiesen. Dies ist offensichtlich auch der Hauptgrund für dieses Buch. Es ist uns jedoch wichtig, diese „unerwartete Schule der Führung" aus unserer Perspektive näher zu beleuchten. Warum? Weil wir selbst gar nicht realisiert haben, welchen Einfluss das Vatersein auf uns als Führungskräfte hat. Es ist eine Lehre, die wir gerade während des Schreibens dieses Buches erst richtig verstanden haben. Das bedeutet jedoch nicht, dass diejenigen unter uns, die keine Kinder haben, keine guten Führungskräfte sind oder sein können. Bitte versteht uns nicht falsch – natürlich gibt es unzählige Inspirationsquellen für Führung und andere Themen. *Wir haben nur erkannt, dass das Vatersein eine große ist.*

Während des Schreibens fiel uns immer wieder das Wort „Führung" auf. Irgendwie hat es einen negativen Beigeschmack, vielleicht aufgrund unserer Geschichte. Im englischsprachigen Raum, insbesondere in Nordamerika, spricht man viel häufiger von „Leadership", was zwar nicht eins zu eins mit Führung gleichzusetzen ist, aber doch in gewisser Weise damit verwandt ist. Daher eine kurze Einordnung der beiden Begriffe:

Vergleich zwischen Führung (Management) und Leadership
In der modernen Unternehmenswelt wird oft zwischen Führung (Management) und Leadership unterschieden. Beide Begriffe beschreiben unterschiedliche Aspekte der Leitung von Menschen und Prozessen, auch wenn sie oft synonym verwendet werden.

Führung (Management) konzentriert sich auf die operativen und strukturellen Aufgaben innerhalb eines Unternehmens. Im Vordergrund stehen Planung, Organisation, Steuerung und Kontrolle von Ressourcen und Prozessen, um die Ziele des Unternehmens zu erreichen. Führungskräfte legen dabei besonderen Wert auf Effizienz, das Einhalten von Richtlinien und die Koordination des Tagesgeschäfts.

- *Ziele:* Kurzfristige Zielerreichung, Effizienz und Stabilität
- *Ansatz:* Top-down, formale Autorität, klare Strukturen und Regeln
- *Aufgaben:* Delegation von Aufgaben, Überwachung der Mitarbeiterleistung, Einhaltung von Plänen und Budgets

Leadership (Führungsstil als Visionär) beschreibt hingegen die Fähigkeit, Menschen durch Vision, Inspiration und Einfluss zu führen. Ein Leader entwickelt eine Vision für die Zukunft und motiviert die Mitarbeiter, diese gemeinsam zu verfolgen. Leadership geht über formale Autorität hinaus und zielt darauf ab, Vertrauen und Engagement zu schaffen, indem man ein positives Beispiel setzt.

- *Ziele:* Langfristige Entwicklung, Veränderung, Innovation und Wachstum
- *Ansatz:* Bottom-up oder partizipativ, Inspiration, Motivation und Einfluss
- *Aufgaben:* Vision entwerfen, Mitarbeiter zur Selbstentfaltung und Innovation ermutigen, Wandel managen

Tab. 3.1 zeigt einen Vergleich der beiden Konzepte.

Tab. 3.1 Vergleich „Führung" und „Leadership". (Eigene Darstellung)

Kriterium	Führung	Leadership
Fokus	Strukturen, Prozesse, Effizienz	Menschen, Vision, Innovation
Zeithorizont	Kurzfristige Ziele, Tagesgeschäft	Langfristige Vision und Entwicklung
Zentraler Wert	Kontrolle und Organisation	Motivation und Inspiration
Methode	Regeln, Richtlinien, Autorität	Einfluss, Vertrauen, Engagement
Beziehung zu Mitarbeitern	Weisung, Anweisung	Förderung, Empowerment

Leadership wird oft als das charismatische Element beschrieben, das für die langfristige Entwicklung eines Unternehmens notwendig ist. Führung (Management) hingegen stellt sicher, dass das Tagesgeschäft effizient abläuft. Ein ausgewogenes Verhältnis zwischen beiden ist entscheidend für den Erfolg eines Unternehmens: Leadership ohne Management führt zu Chaos, Management ohne Leadership zu Stillstand.

Kurzum: Führung (Management) und Leadership sind zwei Seiten derselben Medaille. Während Management die formellen Strukturen und Systeme eines Unternehmens gewährleistet, sorgt Leadership dafür, dass Menschen inspiriert und motiviert werden, über diese Strukturen hinauszuwachsen. In einem dynamischen Unternehmensumfeld ist es entscheidend, dass Führungskräfte sowohl Management- als auch Leadership-Fähigkeiten beherrschen, um erfolgreich zu sein. Und so sehen wir es auch im weiteren Kontext unseres Buches.

3.1 Die Schule ist *eigentlich* nicht so „unerwartet"

Wie man einleitend in diesem Kapitel sehen kann, beschäftigen wir uns intensiv mit dem Thema Führung und Leadership – bisher jedoch hauptsächlich aus einer wissenschaftlichen, uns antrainierten Sichtweise, so wie es eben die Theorie lehrt. Für uns ist diese „Schule der Führung" also unerwartet, doch wir kommen gleich darauf, warum. Allerdings ist sie nicht ganz so unerwartet, wie es scheint. Schließlich sind wir wohl nicht die Ersten auf diesem Planeten, die sich mit dem Elternsein beschäftigen. Oder deutlicher ausgedrückt: Wir sind einfach nicht die Vorreiter, wenn es darum geht, sich um die eigenen Kinder zu kümmern – schade. Ja, es ist eine harte Erkenntnis, aber eben die Realität.

Wir sind nicht diejenigen, die zuerst gemerkt haben, dass es eine Kunst ist, sich um die Bedürfnisse der Kinder zu kümmern – dazu gehört es, die Windeln zu wechseln, aber auch die inneren Bedürfnisse des Kindes zu berücksichtigen. Wir coolen Väter neigen eher dazu, uns die angenehmen Teile der Kindererziehung auszusuchen, weil wir oft die „Coolen" sind. Aber die wahre Arbeit – den Alltag zu meistern und dabei trotzdem gut gelaunt zu bleiben – haben oft die Frauen und Mütter übernommen. Leider hätten wir Männer schon längst genauer hinsehen und mehr unterstützen sollen. Ja, das trifft uns rückblickend hart.

Das soll jedoch kein Vorwurf an diejenigen Männer sein, die es schon immer anders gemacht haben. Ihnen gebührt Respekt. Aber viele von uns können nachvollziehen, was wir meinen.

Im Vorwort haben wir bereits erwähnt, dass wir uns in diesem Buch ein wenig fokussieren müssen und nicht jedes wichtige Thema in voller Tiefe behandeln können. Es soll jedoch klar sein, dass wir hier keine neue Erkenntnis darüber liefern, was Elternsein und die Analogie zur Führung und Transformation ist. Das haben uns die Frauen längst vorgemacht. Wir sollten endlich anfangen, zuzuhören und nicht zu stolz sein, uns das genauer anzuschauen.

Für uns ist es eben eine „unerwartete" Schule. Und das ist wahrscheinlich auch der Grund, warum dieses Buch eine Art selbsttherapeutische Maßnahme ist. Danke für euren Beistand.

> Liebe Mütter: Ihr macht einen großartigen Job, und wir sind nur neidisch, dass wir es nicht so gut hinbekommen wie ihr. Lasst uns in den Führungsetagen auf Augenhöhe begegnen – wir sind bereit.

Nun zu unserer „unerwarteten" Erkenntnis über die Schule der Führung.

3.2 Unsere „unerwartete" Erkenntnis

Nein, es war nicht das fehlende Engagement im Vatersein, die uns erst nicht auf die Erkenntnis gebracht hat, eher die Überforderung in der Kindererziehung. Es wurde uns ja auch ehrlicherweise nicht gesagt, wie anstrengend und überfordernd sie – neben der Tatsache, dass es wirklich eine wundervolle Zeit ist – sein kann. Oder haben wir einfach mal wieder nicht zugehört, weil wir so beschäftigt waren oder es im Voraus nicht abschätzen können? Diese Erkenntnis jedoch trifft auf alle werdenden Eltern zu, egal welchen Geschlechts. Wie dem auch sei, dieses Thema ist ein eigenes Buch wert: kleiner Spoiler, oder etwa nicht? Es war zu Beginn nicht ersichtlich, dass das Vatersein eine gute Schule für uns als Führungskräfte sein kann: Wir mussten erst einmal gewisse Dinge erkennen und die Puzzleteile zusammensetzen.

Aber der Hauptaspekt oder beziehungsweise das maßgebliche Puzzleteil war, jetzt kommt es, *Erwachsen werden ist eben auch permanente Transformation!*

Unsere Kinder sind unterschiedlichsten Alters, aber alle waren sie zum Zeitpunkt unsere Schreibaktion mal wieder in irgendeinem Veränderungsprozess und werden es auch immer sein – wie wir selbst ja auch.

Wachstum und Entwicklung Jeden Tag, aber wirklich auch jeden Tag entdecken sie etwas Neues, entwickeln Fähigkeiten, von denen wir am Vortag noch nicht einmal wussten, dass sie diese überhaupt besitzen. Heute versuchen sie vielleicht, das Gleichgewicht auf einem Laufrad zu halten, morgen flitzen sie schon selbstbewusst durch den Park. Wir sehen, wie sie erste Worte formen, die sich schnell zu vollständigen Sätzen entwickeln. Jeder Tag bringt einen neuen Meilenstein – sei es der Wechsel von der Flasche zur Tasse, die ersten Schritte, der Übergang von einem Einzelwort zu einem Ganzen Satz oder das komplexe, aber charmante Warum-Spiel, das plötzlich den Alltag dominiert. Und so geht es weiter, bis sie plötzlich groß sind und mit einem ganz eigenen Leben beschäftigt sind.

Emotionale Achterbahn Eben noch freudestrahlend und ausgelassen, im nächsten Moment trotzig und voller Tränen – unsere Kinder bewegen sich in einem ständigen Spannungsfeld von Emotionen. Jeder Tag ist eine emotionale Achterbahnfahrt, die uns oft unerwartet trifft. Sie lernen, ihre Gefühle zu artikulieren und gleichzeitig auch damit umzugehen, was manchmal zu unerwarteten und intensiven Momenten führt. Diese emotionalen Schwankungen fordern uns als Eltern heraus, Geduld und Gelassenheit zu wahren – eine Schule der Empathie, die unweigerlich auch in unseren beruflichen Kontext hineinwirkt.

Neue Routinen, alte Routinen Gerade hat man sich an eine gewisse Routine gewöhnt, ändert sich wieder alles. Schlafenszeiten, Essensgewohnheiten, Lieblingsspielzeuge, erste Freundschaften – alles unterliegt einem ständigen Wandel. Was heute funktioniert, ist morgen vielleicht schon überholt. Diese ständigen Anpassungen erfordern Flexibilität und stetes Mitdenken. Und genau das lässt sich auch auf unser berufliches Umfeld übertragen: Sich auf Veränderungen einzulassen, neue Wege zu finden und bereit zu sein, bestehende Ansätze zu hinterfragen, wird zur täglichen Herausforderung.

Neugier und Wissensdrang Kinder sind unendlich neugierig. Jeden Tag bringen sie neue Fragen, neue Interessen und neue Perspektiven mit sich. „Warum ist der Himmel blau?", „Wie kommen die Wolken in den Himmel?" – diese Art von Fragen stellt uns vor die Aufgabe, komplexe Sachverhalte herunterzubrechen und auf eine Weise zu erklären, die ihre Welt greifbar macht. Es erinnert uns daran, dass auch in der Arbeitswelt die Fähigkeit, abstrakte Konzepte klar und verständlich zu kommunizieren, eine Schlüsselkompetenz ist. Manchmal erfordert es, den Blick auf das Wesentliche zu richten, um nicht in der Komplexität zu ertrinken.

Soziale Entwicklung Unsere Kinder lernen, miteinander umzugehen, zu teilen, Konflikte zu lösen und Freundschaften zu schließen. Das tägliche soziale Miteinander auf dem Spielplatz oder im Kindergarten bietet wertvolle Lektionen für den Umgang mit anderen Menschen. Die Herausforderung, fair zu bleiben, Kompromisse zu schließen und gleichzeitig den eigenen Standpunkt zu vertreten, ist etwas, das wir auch als Führungskräfte im täglichen Arbeitsumfeld bewältigen müssen.

Grenzen testen Ein weiterer Aspekt, der uns täglich fordert: Kinder testen Grenzen aus – immer und immer wieder. Sei es durch kleine Trotzphasen oder größere Auseinandersetzungen um den Fernsehkonsum oder das Noch-fünf-Minuten-Prinzip. Sie prüfen unsere Standfestigkeit und wie konsequent wir auf unseren eigenen Regeln beharren. Es ist eine konstante Erinnerung daran, wie wichtig es ist, als Führungskraft klar, aber gleichzeitig flexibel zu sein. In der Arbeitswelt sind es oft die kleinen Konflikte, die uns auf die Probe stellen und zeigen, wie gut wir in der Lage sind, klare Strukturen zu bewahren und dennoch Anpassungen vorzunehmen, wenn es erforderlich ist. Und es gäbe definitiv noch unzählige weitere Beispiele – vom Trotz des ersten „Nein!" über das ständige Streben nach Autonomie bis hin zur unendlichen Neugier unserer Kinder. Aber wir belassen es mal dabei, denn es wird deutlich, worauf wir hinauswollen.

Diese tagtäglichen Veränderungen im Leben unserer Kinder setzen uns ununterbrochen unter Druck, fordern uns heraus, Veränderungen nicht nur zu akzeptieren, sondern auch aktiv darauf einzugehen. Und genau das ist die Lektion, die wir aus dem Vatersein mitnehmen: Veränderung ist kein Ausnahmezustand, sondern der Normalzustand. Das gilt nicht nur für die Entwicklung unserer Kinder, sondern ebenso für unsere beruflichen Rollen.

Dann sitzt du da, auf dem Spielplatz, umgeben vom Lachen und den Abenteuern der Kinder. Du hast vielleicht gerade mal fünf Minuten Zeit – genau diese fünf Minuten, die deine Kinder es geschafft haben, allein oder mit einem anderen Kind zu spielen. Und in dieser kleinen Pause, inmitten von Sandburgen und Schaukeln, kommt dir ein Gedanke: *Es ist doch eigentlich nichts anderes als die Transformation, die wir im beruflichen Kontext erleben.*

Und plötzlich ergibt alles Sinn. Der Kontext mag anders sein, die Menschen mögen unterschiedlich sein, aber die Grundprinzipien sind dieselben. Du fängst an, die Parallelen zu erkennen: Die tägliche Herausforderung, auf Veränderungen flexibel zu reagieren, Ziele im Blick zu behalten, Geduld und Konsequenz zu bewahren – all das sind Tugenden, die nicht nur im Vatersein, sondern auch im Berufsleben entscheidend sind.

> Während du weiter darüber nachdenkst, beginnst du, immer mehr Analogien zu ziehen. Wow! Es funktioniert. Es kann funktionieren – wenn wir im beruflichen Kontext denselben Mut, dieselbe Leidenschaft und denselben Ehrgeiz aufbringen wie beim Versuch, ein guter Vater zu sein. Wenn wir bereit sind, uns ständig weiterzuentwickeln und anzupassen, wie wir es im Familienleben tagtäglich tun, dann können wir auch im beruflichen Umfeld die Transformation erfolgreich meistern.

Und so kam es, dass jeder von uns – auf seine ganz eigene Art und Weise – anfing, diese Erkenntnisse zu nutzen. Manche bewusst, andere eher unbewusst, aber alle merkten wir, dass wir dadurch besser wurden, sowohl als Väter als auch als Führungskräfte. Bis eines Tages Benjamin Morten, die beiden Michaels und Francesco anrief und sagte:

„Wir schreiben ein Buch, oder?"

Und so begann unsere Reise, diese Analogien zwischen dem Vatersein und der beruflichen Transformation in Worte zu fassen und sie mit der Welt, ok sehr „think big", zu teilen – so wie wir es im nächsten Kapitel tun werden.

4

Die Analogien
Welche Führungskompetenzen das Elternsein mitbringen

Seid ihr gute Väter?
Wir machen viele Fehler – lernen aber aus diesen!

4.1 Die Methodik

Und hier sind wir nun: Nicht nur fünf Väter, fünf Manager, fünf Lebensläufe, wie wir es so schön betiteln. Nein, es sind auch fünf verschiedene Meinungen, fünf verschiedene Arten und Weisen zu denken und vor allem fünf verschiedene Stile, etwas zu beschreiben. Hier würde in einer WhatsApp-Nachricht jetzt ein lachender Emoji kommen – aber wir lassen das lieber. Lachender Emoji. Das ist doch auch genau das, was unser Buch so besonders macht: die Multiperspektive, die unterschiedlichen Charaktere, Denkweisen und Schreibstile. Diese Vielfalt zeigt sich jetzt in diesem Kapitel, in dem unsere Gedanken zusammengeführt werden. Um euch als Leser:innen besser durch diesen Prozess zu führen, erklären wir euch gleich noch kurz, wie es zu den Analogien kam und wie die Aufteilung der Unterkapitel stattgefunden hat. Wir geben euch auch eine kleine Lesehilfe an die Hand. Aber am Ende steht ein Kapitel, das die

Magie zwischen uns, den Autoren, und unserer Individualität aufzeigt. Viel Spaß dabei – kein Emoji.

Vielleicht noch ein Hinweis an dieser Stelle, und wir werden es auch später nochmals erwähnen: Dieses Kapitel ist wirklich eine Zusammenstellung individueller Unterkapitel. Der Rest des Buches ist einheitlich verfasst und spiegelt den Konsens aller Autoren wider, also uns! Wir mussten alle mit diesem Inhalt übereinstimmen, auch wenn es für den einen oder anderen manchmal schwer war. So ist das eben im Teamwork.

Brainstorming

Wie bei vielen kreativen Projekten, die mehrere Menschen gemeinsam stemmen, begann es auch bei uns mit klassischen Brainstorming-Sessions. Wir trafen uns mal wieder in einer unserer unzähligen Teamsitzungen und dachten über witzige, ernste und manchmal verzweifelnde Alltagssituationen mit unseren Kindern nach. Wir haben viel gelacht – weil sich jeder von uns in den Geschichten des anderen zu 100 Prozent wiederfinden konnte. Es war für uns eine große Erleichterung zu sehen: Es geht den anderen genauso! Eine Art Mini-Therapiesitzung, wenn man so will. Natürlich gab es zwischen den Sessions immer wieder Zeit, über alles nachzudenken, darüber zu schlafen, ob einem noch etwas einfällt oder ob das alles so passt.

Am Ende – und seien wir ehrlich, es gibt eigentlich nie ein richtiges Ende – haben wir für uns einen Schlussstrich gezogen. Sonst hätten wir dieses Buch nie fertig bekommen. So entstand eine Liste an Alltagssituationen, die wir gemeinsam in den beruflichen Kontext übertragen haben. Wir haben die privaten Erlebnisse auf unsere beruflichen Erfahrungen in den verschiedenen Phasen der Transformation gemappt und zugeordnet. Und es war erstaunlich, wie viel dabei deckungsgleich war. Wäre es das nicht gewesen, hätten wir dieses Buch vermutlich nicht weitergeschrieben, da sich unsere Hypothesen nicht bewahrheitet hätten. Aber sie haben sich bewahrheitet, und zwar mehr, als wir je gedacht hatten. Wir konnten sofort eine Analogie zwischen dem Elternsein, im Speziellen dem Vatersein, und der Führungskraft erkennen. Wir haben all diese Situationen in den privaten und beruflichen Kontext sortiert, zusammengelegt und kategorisiert, bis wir am Ende fünf Oberkategorien mit jeweils drei Unterkategorien hatten. Und ehrlich, glaubt es uns oder nicht, die fünf Oberkategorien sind tatsächlich zufällig entstanden – ja, wir sind fünf Väter.

Bei den Unterkategorien haben wir noch ein bisschen Feintuning gemacht, sodass jeder dieselbe Anzahl an Themen hatte. Das war aber auch nicht schwer, weil es recht eindeutig war. Wir haben uns sogar dabei erwischt, als wir ChatGPT nach seiner Meinung fragten. Und siehe da – ChatGPT konnte uns nur zustimmen, was uns gezeigt hat: Menschliche Kreativität und Teamwork sind immer noch ganz vorn dabei.

Die Zuteilung

Wir dachten zunächst, dass es schwierig wird, die Themen unter uns aufzuteilen. Jeder von uns hatte seine Vorstellung, über was er schreiben wollte – und wir befürchteten, dass alle das Gleiche wollen würden. Doch es kam anders und zeigte, dass wir trotz der Homogenität in einigen Bereichen – wir sind ja alle Männer – auch eine große Heterogenität in der Gruppe haben.

Es war also einstimmig, wer zu welchem Thema schreibt:

- **Michael vom Sondern** übernimmt den Part der *Führungskompetenz* (Abschn. 4.2.1). Warum? Er hat die meiste Erfahrung als Vater von uns allen und beschäftigt sich seit Jahren intensiv mit den Anforderungen an Führungskräfte, vor allem in seiner Corporate-Zeit bei einem DAX-Unternehmen.
- **Benjamin Ferreau** schreibt über *strategische Fähigkeiten* (Abschn. 4.2.2). Seine Besessenheit von Strategie – und insbesondere ihrer Operationalisierung – ist bekannt. Zehn Jahre in einem Familienunternehmen haben ihm gezeigt, dass ständige Neuausrichtung überlebenswichtig ist.
- **Morten Wolff** repräsentiert die *kommunikativen Fähigkeiten* (Abschn. 4.2.3). Wer auch sonst? Als leidenschaftlicher Vertriebler, der strategisch wie operativ arbeitet, versteht er Kommunikation aus vielen Blickwinkeln – sei es von Kunden oder von seinen Kindern.
- **Michael Munder** verantwortet die *soziale Kompetenz* (Abschn. 4.2.4). Als ruhiger und besonnener Denker, der das Growth Mindset lebt, hat

er in verschiedenen beruflichen Stationen erlebt, wie entscheidend soziale Kompetenzen für den Erfolg sind.
- **Francesco Ferreri** übernimmt das *Motivations- und Selbstmanagement* (Abschn. 4.2.5). Wer sich seit Jahren mit Innovation und neuen Geschäftsmodellen beschäftigt, weiß, dass Motivation und Selbstdisziplin unerlässlich sind – sowohl im beruflichen als auch im privaten Kontext. Francesco verkörpert genau das.

Der Aufbau
Nun, bevor es wirklich losgeht, möchten wir noch kurz den Aufbau der fünf Unterkapitel erläutern. So bleibt trotz der individuellen Stile ein roter Faden erkennbar.

Jedes Unterkapitel umfasst eine kurze Einleitung und drei Abschnitte mit den Unterkategorien, die einem klaren Schema folgen:

- Geschichte(n) aus dem Alltag
- Erkenntnis über die Fähigkeit
- Übertragung in den beruflichen Kontext
- Überleitung zur nächsten Fähigkeit oder zum nächsten Unterkapitel

Dieses einfache Raster stellt sicher, dass der Text strukturiert bleibt, ohne die Individualität der Autoren zu beschneiden.

Und damit kann es jetzt auch losgehen! Taucht mit uns in die Analogien ein – in die spannenden Verbindungen zwischen Vatersein und Führung!

4.2 Die wertvollen Lektionen

4.2.1 Führungskompetenz

Meine Frau und ich haben drei wunderbare Töchter – unsere große Tochter hat gerade Abitur gemacht, unsere Zwillinge sind knapp vier Jahre jünger und gehen somit noch zur Schule. Die drei Mädchen sind sehr verschieden – und jede ist auf ihre Art wundervoll und einzigartig.

4 Die Analogien

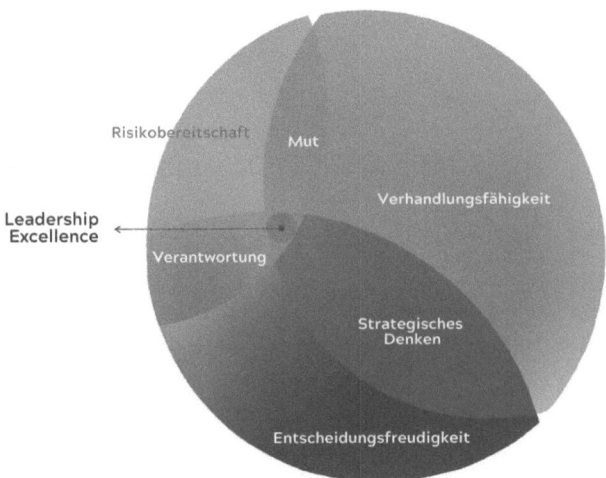

Abb. 4.1 Leadership Excellence. (Eigene Darstellung)

Was habe ich in diesen bisher 18 Jahren Vatersein gelernt? Eine Menge für das Business, die Mitarbeiterführung und auch den Umgang mit verschiedenen Interessengruppen, sowohl innerhalb als auch außerhalb von Organisationen, die von transformativen Initiativen betroffen sind.

Mit dem Thema „Führungskompetenz" habe ich das Privileg, das Kapitel der Business-Analogien einzuleiten. Es geht dabei um *Entscheidungsfreudigkeit, Risikobereitschaft* und *Verhandlungsfähigkeit*, kurzum: *Leadership Excellence* (Abb. 4.1)

4.2.1.1 Entscheidungsfreudigkeit

4.2.1.1.1 Geschichte aus dem Alltag

Als Vater möchte ich möglichst viel richtig machen. Entscheidungen zu treffen – auch wenn es mal eine falsche ist –, gehört wohl dazu und ist menschlich. Das wusste ich von Anfang an. Diese Erkenntnis ist nicht nur als Vater wichtig, sondern auch als Führungskraft in einem Unternehmen, das sich in einem Transformationsprozess befindet.

Als ich das erste Mal Vater wurde, war es mein großer Wunsch, viel Zeit mit meiner Tochter zu verbringen.

Nach zwölf Jahren im Konzern reizte es mich dann aber, etwas Neues zu wagen. Ich machte mich mit einem Studienfreund selbstständig und gründete zwei Unternehmen. Kurz nach der Gründung bekamen meine Frau und ich die freudige Nachricht, Eltern von Zwillingen zu werden. Es begann ein sehr herausfordernder Lebensabschnitt.

Anstatt entscheidungsfreudig zu sein und klare Entscheidungen zu treffen, waren wir unternehmerisch rein opportunistisch unterwegs. Wir bedienten zwei völlig unterschiedliche Verticals: Schifffahrt und E-Commerce. Es kamen weitere Opportunitäten dazu, und wir gründeten 2012 zusätzlich einen Amateurfußball-Content-Aggregator. Auch hier war ich voller Elan und Einsatz!

Als dreifacher Geschäftsführer arbeitete ich viel zu viel, und es blieb mir kaum Zeit für meine Frau und unsere drei Töchter. Meine Frau trug die gesamte Care-Arbeit allein, und ich verschanzte mich hinter dem Glaubenssatz: Ich kann mich nicht für nur ein Projekt entscheiden, da ich uns als Familie sonst dem Risiko aussetze, in Geldnöte zu geraten.

Dem Wunsch meiner Frau, weniger zu arbeiten und mehr für die Familie da zu sein, konnte ich somit nicht nachkommen.

4.2.1.1.2 Erkenntnis über die Fähigkeit

Meine Entscheidungsunfreudigkeit hat mich in den operativen Wahnsinn getrieben! Und gleichzeitig war ich in den so schönen und wichtigen ersten Lebensjahren viel zu wenig für meine Kinder da. Ich habe wirklich jede berufliche Gelegenheit, die sich mir bot, ergriffen, weil das mögliche positive Outcome immer sehr verlockend war.

Erst nach sieben – sowohl beruflich als auch privat – sehr herausfordernden Jahren wurden mir die für uns als Familie negativen Auswirkungen meiner beruflichen Handlungen deutlich.

Somit gab ich meine operative Verantwortung in den drei Firmen ab und entschied mich für eine mir angebotene neue Herausforderung bei meinem alten Arbeitgeber tesa AG – die Rolle als Chief Digital Officer.

4.2.1.1.3 Übertragung in den beruflichen Kontext

In der Unternehmensführung passiert Ähnliches. In Transformationsprozessen gibt es unzählige Möglichkeiten, die sich auftun – oft mehr, als man bewältigen kann. Bei tesa standen wir 2017 vor der Herausforderung, alle Prozesse zu hinterfragen („How We Work"), neue Vertriebswege zu erschließen („How We Sell") und darüber hinaus neue Services anzubieten, die es zuvor nicht gab („What We Sell"). Das Ergebnis war ein riesiges „Digital-Opportunity-Monster", das unbesiegbar schien, weil es einfach zu viele Möglichkeiten gab. Wir starteten viele Piloten gleichzeitig, allerdings waren es zu viele, gemessen an den verfügbaren Ressourcen.

Hier war ich wieder in meinem alten Dilemma: Ich wollte alles beginnen, ohne darauf zu achten, ob es tatsächlich den ursprünglichen Zielen dienlich war. Als Führungskraft in einem Transformationsprozess musst du härtere Entscheidungen treffen. Besonders wichtig ist es zu entscheiden, was nicht getan wird. Nein zu einer Gelegenheit zu sagen, bedeutet nicht, dass die Transformation unwichtig ist. Im Gegenteil, es zeigt, dass man sich nicht verzetteln will, um das eigentliche Ziel nicht zu verwässern. Jede Transformation muss auf einem klaren, originären Geschäftsziel basieren – einem Ziel, das zur Kultur und Vision des Unternehmens passt („Wir bauen das beste Produkt", „Wir haben die glücklichsten Kunden").

Wie trifft man also diese Entscheidungen?

- Alles kritisch bewerten
- Gezielt priorisieren

Nicht jede Gelegenheit bringt den gewünschten Mehrwert, und nicht jede Idee hat hohe Erfolgsaussichten. Um dies zu bewältigen, bietet sich ein systematischer Ansatz des Portfoliomanagements an, der digitale Initiativen entlang zweier zentraler Achsen bewertet: Erfolgschancen und Ertrag/Mehrwert.

Die Erfolgschancen bewerten
Die Erfolgschancen einer Initiative hängen stark von den bestehenden Fähigkeiten und der internen Reife des Unternehmens ab, um die jewei-

lige Initiative erfolgreich umzusetzen. Hierbei spielen mehrere Faktoren eine Rolle:

1. *Technologische Kompetenz:* Verfügt dein Unternehmen bereits über die nötige technologische Infrastruktur und Expertise, um die Initiative durchzuführen? Initiativen, die auf Technologien aufbauen, die deinem Unternehmen fremd sind oder erst noch implementiert werden müssen, bergen höhere Risiken. Beispiel: Wenn dein Unternehmen bereits eine moderne Cloud-Infrastruktur nutzt, wird es wesentlich einfacher sein, eine digitale Plattform aufzubauen, als wenn es erst von traditionellen On-Premise-Systemen auf Cloud-Technologien migrieren muss.
2. *Organisatorische Anpassungsfähigkeit:* Die Veränderungsbereitschaft und -fähigkeit deiner Belegschaft sind ebenfalls entscheidende Faktoren. Inwieweit ist dein Unternehmen in der Lage, die kulturellen und strukturellen Anpassungen vorzunehmen, die nötig sind, um eine digitale Initiative erfolgreich durchzuführen? Hier spielt auch die Unterstützung durch das Topmanagement eine große Rolle.
3. *Projektmanagement- und Umsetzungsfähigkeiten:* Digitalisierungsprojekte erfordern oft interdisziplinäre Teams und agile Arbeitsweisen. Wenn dein Unternehmen diese Methoden nicht gewohnt ist oder in traditionellen hierarchischen Strukturen verharrt, wirst du Schwierigkeiten haben, komplexe digitale Projekte erfolgreich umzusetzen.
4. *Externe Abhängigkeiten:* Manche Projekte sind stark von externen Partnern, wie Technologieanbietern oder Beratern, abhängig. Je mehr externe Abhängigkeiten existieren, desto höher ist das Risiko, dass ein Projekt aufgrund mangelnder Kontrolle oder Koordination scheitert. Initiativen, bei denen dein Unternehmen autonom handeln kann, haben daher oft höhere Erfolgschancen.

Der Ertrag bzw. der Mehrwert für das Unternehmen
Während die Erfolgsaussichten die Machbarkeit eines Projekts reflektieren, bewertet die Achse Ertrag/Mehrwert, wie groß der potenzielle Nutzen für dein Unternehmen ist. Hierbei wird insbesondere der Hebel

betrachtet, den die digitale Initiative auf die Wertschöpfung hat. Einige Schlüsselfaktoren, die den potenziellen Mehrwert bestimmen, sind:

1. *Einfluss auf Umsatz und Kosten:* Projekte, die einen direkten Einfluss auf den Umsatz haben, etwa durch die Erschließung neuer Märkte oder die Optimierung von Verkaufsprozessen, können potenziell höhere Erträge liefern als solche, die rein interne Prozesse verbessern. Beispiel: Wenn 20 Prozent der Mitarbeiter deines Unternehmens im Vertrieb tätig sind, kann eine Initiative zur Digitalisierung von Vertriebsprozessen wesentlich mehr Wert schaffen als eine ähnliche Initiative im Personalwesen, wo nur zwei Prozent der Belegschaft arbeiten.
2. *Skalierbarkeit des Erfolgs:* Initiativen, die sich leicht skalieren lassen und über verschiedene Geschäftsbereiche hinweg implementiert werden können, haben ein höheres Potenzial, signifikante Erträge zu erzielen. Ein Beispiel dafür ist die Einführung einer globalen E-Commerce-Plattform, die nicht nur in einem, sondern in mehreren geografischen Märkten genutzt werden kann.
3. *Einfluss auf die Kundenzufriedenheit:* Projekte, die das Kundenerlebnis verbessern, haben einen hohen strategischen Wert, da sie oft einen direkten Einfluss auf Kundenbindung und Markenwahrnehmung haben. Eine Initiative zur Verbesserung der digitalen Customer Journey könnte daher einen erheblichen Mehrwert bieten, wenn sie dazu beiträgt, die Kundenbindung langfristig zu erhöhen.
4. *Prozessoptimierung und Effizienzgewinne:* Manche Initiativen zielen darauf ab, interne Abläufe zu verbessern und Kosten zu senken. Auch wenn diese oft nicht direkt den Umsatz steigern, können sie durch Effizienzgewinne den Mehrwert für das Unternehmen deutlich erhöhen.

Weitere Faktoren zur Priorisierung

Zusätzlich zu den beiden Achsen „Erfolgschancen" und „Ertrag/Mehrwert" gibt es noch weitere Überlegungen, die in die Entscheidung einfließen sollten:

1. *Time-to-Market:* Wie schnell lässt sich die Initiative umsetzen, und welche Vorteile bietet ein schneller Markteintritt? Projekte, die eine schnelle Umsetzung und rasche Marktergebnisse ermöglichen, sind oft wertvoller als solche, die langwierige Vorlaufzeiten haben.
2. *Wettbewerbsdruck:* Wie stark ist der Wettbewerb in dem Bereich, auf den sich die Initiative konzentriert? Projekte, die dazu beitragen, deinem Unternehmen einen Wettbewerbsvorteil zu verschaffen, sind oft von strategischer Bedeutung. Wenn etwa dein Mitbewerber bereits erfolgreich digitale Vertriebswege erschlossen hat, könnte eine ähnliche Initiative im eigenen Unternehmen von hoher Priorität sein.

Wir lernen also: Ein gutes Portfoliomanagement ist die Grundlage für deine Entscheidungsfähigkeit. Und dann entscheide auch, was du nicht tust, und mach nicht alles gleichzeitig!

Entscheidungsfreudigkeit ist eine wichtige Grundlage für deinen Erfolg, doch Entscheidungen treffen bedeutet auch, Risiken einzugehen. Sowohl im beruflichen als auch im familiären Kontext habe ich gelernt, dass jede Entscheidung Konsequenzen hat, die nicht immer vorhersehbar sind. Besonders in einem Transformationsprozess ist es nicht genug, einfach nur den Mut zu haben, Entscheidungen zu treffen – es braucht auch die Bereitschaft, mit den Risiken zu leben, die diese Entscheidungen mit sich bringen. Diese Risikobereitschaft unterscheidet jene, die lediglich auf Nummer sicher gehen, von denen, die den Mut haben, echte Veränderungen voranzutreiben.

4.2.1.2 Risikobereitschaft

4.2.1.2.1 Geschichte aus dem Alltag

Nachdem ich gelernt hatte, dass Entscheidungen unvermeidlich sind, stellte ich fest, dass diese oft mit Risiken verbunden sind – im Familienleben ebenso wie in der Unternehmensführung.

Meine Frau hat viele Jahre in der Touristik gearbeitet, liebt es zu reisen und plant unsere Urlaubsreisen immer sehr unterschiedlich und abwechslungsreich.

4 Die Analogien

In einem Jahr im Frühjahr entschieden wir uns für ein Wanderhotel mit Tieren, Pool und sehr guter Verpflegung in den Bergen Andalusiens. In der Umgebung liegen einige der bekannten und charmanten weißen Dörfer Andalusiens, die es zu entdecken galt. Die Mischung aus Bewegung, Entdeckung und der Zeit am Pool erschien uns als Eltern sehr verlockend.

Unsere erste Wanderung sollte eine Gipfelwanderung mit 1000 Höhenmetern sein – deren Weg uns sehr geeignet erschien, weil er versprach, die schöne Natur, Tiere auf der Strecke und besondere Ausblicke zu vereinen.

Der Weg nach oben war ziemlich herausfordernd, weil er teilweise steil und steinig und sehr sonnig war.

Die Kinder guckten unterwegs manchmal eher kritisch und schienen nicht ganz so motiviert zu sein wie wir, den Gipfel wirklich zu erreichen. Doch wir konnten sie motivieren weiterzugehen! Ehrlicherweise muss ich sagen, dass es tatsächlich Momente gab, in denen auch ich mich fragte, ob diese Wanderroute die richtige Wahl war – da wir uns auch ein paar Mal verliefen. Doch meine innere Stimme sagte mir, dass ich auf die Wahl meiner Frau vertrauen könne und es sich lohnen würde durchzuhalten.

Nach Stunden der Anstrengung, der schönen Pausen im Schatten und des Durchhaltens trotz mittlerweile müder Beine kamen wir schließlich an unser Ziel – und dieses war von beeindruckender Schönheit: Vor uns erstreckte sich eine weite, unberührte Landschaft mit grandiosen Ausblicken! Die Luft war klar, der Himmel in einem tiefen, makellosen Blau. Keine Geräusche von Menschen, keine Anzeichen der Zivilisation – nur wir, die Natur und ein paar friedlich grasende Kühe und zutrauliche Esel, die sich uns neugierig näherten.

Unsere Kinder lieben Tiere, und auch sie waren von der Kulisse und den hier oben so friedlich lebenden Tieren sichtlich angetan. Sie genossen diese besondere Zeit am Gipfel sehr!

In diesem Moment wurde mir klar, dass wir etwas gefunden hatten, das weit mehr als nur ein hübscher Ausblick war. Es war ein unbeschreibliches Gefühl von Freiheit und Ruhe, das uns lange in Erinnerung bleiben wird. Die Strapazen des Weges waren schnell vergessen, und inmitten dieser idyllischen Szenerie verspürten wir eine wirklich tiefgreifende Zufriedenheit, die wir in unserem Alltag nur selten finden.

Diesen besonderen Moment haben wir nur erleben können, weil wir uns überwunden hatten, weil wir durchgehalten und unterwegs nicht aufgegeben haben!

Der Abstieg war geprägt von einer sehr besonderen Stimmung. Es war zwar immer noch heiß, aber wir hatten alle dieses Gefühl in uns, gemeinsam etwas Schönes gesehen und erlebt zu haben.

4.2.1.2.2 Erkenntnis über die Fähigkeit

Was lernen wir hieraus für eine möglichst gelungene Transformation? In jedem Unternehmen gibt es Widerstände und Skepsis. Insbesondere wenn das Neue etwas Unbekanntes ist und sich viele gar nicht vorstellen können, wie der neue (digitale) Service oder das neue (digitale) Produkt aussehen soll. Oder wenn neue Arbeitsweisen sich für die Mitarbeiter:innen falsch anfühlen (ein Meeting nur mit Kamera und Mikrofon).

Der Transformationsprozess erscheint vielen schwierig und unsicher. Menschen neigen dazu, sich zurückzuziehen, wenn sie mit Veränderungen konfrontiert werden. Auch wenn eine klare Vision und Geschichte vorhanden sind, fällt es leichter, am Alten und Vertrauten festzuhalten. Bloß nicht bewegen, dann machen wir auch nichts falsch! Das Problem dabei ist, dass Unternehmen, die kein Risiko eingehen, im Fortschritt gehemmt werden oder sogar komplett stillstehen. Und das ist in dieser dynamischen Zeit fatal, wenn nicht sogar letal. Das Unternehmen verliert den Anschluss an den Markt, die Kundenbedürfnisse und kann – wenn überhaupt – nur unter großen finanziellen Anstrengungen oder organisatorischen Anpassungen den Turnaround schaffen.

Die gute Nachricht: Dieser Widerstand ist völlig normal.

Unternehmer:innen sind per se risikofreudiger und werden dementsprechend auch entlohnt. Als Arbeitnehmer wird man in der Regel nicht dafür bezahlt, ins Risiko zu gehen. Die normalen Reaktionen sind also:

- „Da mach ich nicht mit."
- „Ich glaub nicht, dass das funktioniert."

- „Das haben wir noch nie so gemacht."
- „Welcher Wettbewerber macht das denn schon so?"

Insbesondere der letzte Einwand ist mein persönlicher „Liebling". Die Frage nach dem Wettbewerber ist ja berechtigt, nur geht es bei der Transformation um eine andere Ableitung bei der Antwort „Kein Wettbewerber macht es bisher so, wie wir es uns vorgestellt haben". Vielleicht ist vor uns noch keine Familie mit drei Mädchen (damals 9, 9, 13 Jahre alt) auf die Hochebene gewandert. Aber das war für uns kein Grund, nicht den beschwerlichen Weg zu nehmen – und dafür eben belohnt zu werden.

Wenn kein Wettbewerber neuartige (transformative) Services anbietet, ist das eine gute Nachricht! Und ja, man muss ins Risiko gehen und austesten, ob der Markt den Service annimmt. Aber die Aussicht auf die Belohnung rechtfertigt diesen unbequemen Weg und kann das Unternehmen in eine neue, bessere Zeit führen.

Einige wesentliche Aspekte, die man hierbei berücksichtigen sollte, sind:

1. *Das Risiko kalkulierbar machen:* Niemand erwartet, dass ein Unternehmen blind ins Risiko geht. Es geht darum, die Risiken realistisch einzuschätzen und die Auswirkungen auf das Unternehmen zu verstehen. Bei digitalen Transformationsprojekten kann dies bedeuten, kleinere, überschaubare Piloten durchzuführen, bevor größere Summen investiert werden. Auch wenn der Weg nach oben beschwerlich ist, können regelmäßige Zwischenstopps helfen, das Risiko zu minimieren und den Fortschritt zu reflektieren.
2. *Ressourcen effizient einsetzen:* Des Weiteren kann das Risiko insofern minimiert werden, als nur begrenztes Kapital oder andere Ressourcen in die ersten Schritte der Transformation eingesetzt werden. Kleine Investitionen in Form von Prototypen, MVPs (Minimum Viable Products) oder Testmärkten können dazu beitragen, das Risiko zu begrenzen und gleichzeitig wertvolle Erkenntnisse zu gewinnen. Wenn sich zeigt, dass ein Projekt erfolgversprechend ist, können größere Investitionen folgen. Es muss nicht immer gleich eine riesige, teure Umstellung sein – viele digitale Transformationen beginnen mit kleinen, überschaubaren Schritten.

3. *Vorangehen und Selbstsicherheit ausstrahlen:* In Zeiten der Unsicherheit suchen Mitarbeiter nach Orientierung und Vertrauen. Als Führungskraft ist es wichtig, voranzugehen und Selbstsicherheit auszustrahlen, auch wenn man selbst noch nicht alle Antworten hat. So wie ich auf unserer Wanderung die Richtung kannte, auch ohne den genauen Weg zu kennen, muss eine Führungskraft den Mut haben, den ersten Schritt zu machen. Selbst wenn es keinen „Handyempfang" gibt – also klare Daten oder Vorbilder fehlen –, ist es die Aufgabe der Führungskraft, Zuversicht zu vermitteln und die Mannschaft mitzunehmen. Dieses Selbstvertrauen strahlt auf das gesamte Team aus und schafft ein Gefühl von Sicherheit, auch wenn der Weg neu und ungewiss ist.
4. *Risikobereitschaft schafft Wettbewerbsvorteile:* Unternehmen, die bereit sind, Risiken einzugehen, können sich langfristig von ihren Wettbewerbern abheben. Wenn niemand sonst im Markt bereit ist, neue Ansätze auszuprobieren, liegt hier eine riesige Chance. Innovative Produkte, Services oder Geschäftsmodelle werden oft von denen eingeführt, die den Mut haben, etwas zu wagen. Wie auch in meiner Geschichte, in der kein anderes Unternehmen den riskanten, neuen Weg beschritten hat, kann das Unternehmen durch seine Risikobereitschaft einen entscheidenden Vorsprung erlangen. Oftmals sind es genau diese mutigen Schritte, die dazu führen, dass ein Unternehmen zu einem Marktführer aufsteigt, während andere nur zögern und abwarten.
5. *Risikobereitschaft erfordert neue Methoden:* Risiken gehen oft mit Unsicherheiten einher, und traditionelle Methoden zur Entscheidungsfindung sind nicht immer geeignet, diese Unsicherheiten zu managen. Deshalb ist es wichtig, neue Methoden zu erproben, wie zum Beispiel agile Arbeitsweisen, iterative Entwicklungsprozesse oder Design Thinking. Diese Methoden helfen dabei, in einem unsicheren Umfeld schneller auf Veränderungen zu reagieren und frühzeitig Erkenntnisse zu gewinnen, die das Risiko minimieren. Es ist entscheidend, dass Fehler als Lernmöglichkeit betrachtet werden, denn nur so kann das Unternehmen langfristig von seiner Risikobereitschaft profitieren. Ein iterativer Ansatz, bei dem Projekte Schritt für Schritt vorangetrieben und regelmäßig überprüft werden, minimiert das Risiko und maximiert die Chancen auf Erfolg.

Hab den Mut, den Transformationsprozess zu starten, und gehe ins Risiko – auch wenn du den Weg nicht ganz genau kennst. Es reicht, wenn du weißt, wohin du willst.

Risikobereitschaft führt oft in unbekanntes Terrain, wo Unsicherheiten und Widerstände aufkommen können. Doch es reicht nicht aus, allein Risiken einzugehen – du musst auch in der Lage sein, unterschiedliche Interessen und Perspektiven erfolgreich zu verhandeln. Gerade in Veränderungsprozessen sind Verhandlungen unvermeidlich, sei es mit Mitarbeitenden, die sich vor neuen Anforderungen fürchten, oder mit externen Stakeholdern, die andere Vorstellungen von der zukünftigen Ausrichtung haben. Die Fähigkeit, diese Herausforderungen durch geschickte Verhandlungsführung zu meistern, ist entscheidend für den Erfolg der Transformation.

4.2.1.3 Verhandlungsfähigkeit

4.2.1.3.1 Geschichte aus dem Alltag

Das Eingehen von Risiken bringt häufig auch Konflikte mit sich. Hier wird deutlich, wie wichtig es ist, verhandeln zu können – sei es mit Kindern oder mit Geschäftspartnern.

Es ist Freitagabend – meine Frau ist verreist –, und ich freue mich auf den verabredeten TV-Abend mit meinen Teenager-Girls. Dinner und Netflix. Doch anstatt mit dem bestellten Lieblingsessen vom Asiaten gemütlich und entspannt in den Abend zu starten, kommt es leider bereits am Küchentisch zu Meinungsverschiedenheiten bei der von mir anvisierten Planung für den weiteren Ablauf des Wochenendes.

Unsere Zwillinge gehen am Montag auf Klassenfahrt, und es ist an diesem Wochenende auch meine Aufgabe, dafür Sorge zu tragen, dass die von den Lehrern bereitgestellten Packlisten sauber abgearbeitet sowie individuelle Bedarfe der Girls zu 100 Prozent gedeckt sind. Allerdings sehen wir die Kinder mittlerweile auch in der Verantwortung, mitzudenken und vieles eigenständig zu erledigen. Dieses galt es, rechtzeitig zu koordinieren.

Zurück zum Küchentisch.

Was war passiert?

Ich bat die Kinder, auf Papier eine Übersicht zu erstellen, auf der die jeweiligen zeitlichen Verfügbarkeiten der beiden am Wochenende ersichtlich werden, um genug Zeit zum Packen und – falls noch was fehlt – auch zum Einkaufen zu haben. Begeistert begann eine meiner Töchter eine super Tabelle zu erstellen – genau wie ich sie mir vorgestellt habe – und dort ihre Termine einzutragen.

„Läuft!", denke ich. Nun ist ihre Zwillingsschwester an der Reihe, ihrerseits kundzutun, was bei ihr wann am Wochenende ansteht. Sie bittet um den Zettel, um es einzutragen, und es entfacht sich ein Streitgespräch, als würden Messi und Ronaldo im selben Team spielen und sich darüber streiten, wer jetzt den Elfmeter schießen darf:

- *Standpunkt 1:* „Ich trage für alle die Termine ein, damit es hübsch und einheitlich aussieht!"
- *Standpunkt 2:* „Jeder trägt seine Termine selber ein!"

Mit meinem Standpunkt – „Es ist mir egal, Hauptsache, wir haben ein Ergebnis und einen schönen Abend" – versuchte ich zunächst, die festgefahrene, hochgradig emotionale Situation mit rationalen Argumenten zu leiten.

Kleiner Exkurs: In Vorbereitung auf dieses Buch, fragte ich meine Kinder, welche Eigenschaften sie an mir mögen. Sie bescheinigten mir eine gute Verhandlungsfähigkeit im Streitfall: Ich würde meistens sehr fair versuchen, beide Seiten zu Wort kommen zu lassen und das Gesagte so zu verarbeiten, dass möglichst ein Kompromiss entstehen kann.

An diesem Abend: keine Chance! Ich moderierte, ich nickte, ich fasste zusammen, ich bat um Verständnis auf beiden Seiten, ich versuchte ein „So machen wir das jetzt!", ich versuchte, weitere Kompromisse zu finden. Nichts half. Kein Zentimeter auf beiden Seiten. Es drohte eine Eskalation, und ich sah mich schon enttäuscht und traurig alleine auf dem Sofa vor dem TV sitzen. Dabei hatte ich extra versucht, den Abend zeitlich so zu planen, dass wir zwei Folgen unserer aktuellen Lieblingsserie schauen können.

Die einzige Möglichkeit, die ich noch sah, um die Situation zu entschärfen und einen schönen gemeinsamen Abend mit meinen Mädchen zu verbringen, war es, den Prozess zu stoppen und die Lösungsfindung auf den nächsten Morgen zu verschieben. Glücklicherweise stimmten beide meinem Vorschlag zu – und wir fanden am nächsten Morgen eine Lösung, die sich für beide gut anfühlte.

4.2.1.3.2 *Erkenntnis über die Fähigkeit*

Was ist also die Erkenntnis aus dieser Alltagssituation?

Zunächst einmal die Theorie: Verhandlungsfähigkeit kann allgemein als die Fähigkeit definiert werden, in einer Diskussion oder einem Konflikt zu einer für beide Seiten akzeptablen Lösung zu gelangen. Dies erfordert eine Vielzahl von Kompetenzen, wie aktives Zuhören, Empathie, Kompromissbereitschaft und die Fähigkeit, verschiedene Perspektiven zu integrieren. Eine gute Verhandlungsführung zielt darauf ab, dass beide Parteien am Ende einer Lösung zustimmen, die ihren jeweiligen Interessen gerecht wird, ohne dass eine Seite das Gefühl hat, zu stark nachgeben zu müssen. Es geht nicht nur darum, eigene Interessen durchzusetzen, sondern vor allem um den Aufbau von Vertrauen und die langfristige Zusammenarbeit.

Und am Küchentisch bedeutet das zum einen, dass „So ist es, weil ich es sage" selten funktioniert, wenn es darum geht, (Kinder sind auch) Menschen nachhaltig zu überzeugen oder auf gemeinsame Ziele hinzusteuern, und zum anderen, dass es Geduld (nicht meine Stärke) und die Fähigkeit braucht, andere aktiv mitzunehmen. Aktiv bedeutet, zunächst einmal alle Seiten zu Wort kommen zu lassen. Auch das gelingt mir nicht immer, weil mein schneller Verstand eben schnell zur Lösung springt. Aber das hilft halt nicht. Erst einmal zuhören und verstehen, was die echten Bedürfnisse und Beweggründe sind. Nur wenn Menschen sich gehört und ernst genommen fühlen, sind sie bereit, Kompromisse einzugehen.

Learning aus dem Küchentisch-Gate von oben: Oft ist der richtige Zeitpunkt entscheidend – manchmal muss man eine Diskussion unterbrechen, um später in einem ruhigeren Moment zu einer tragfähigen Lösung zu kommen. In unserem Fall habe ich am nächsten Morgen die erstellte Übersicht einmal farbkopiert, damit beide ihre Termine auf ihrem eigenen Zettel eintragen können. Nicht 100 Prozent effizient, aber alle waren happy.

4.2.1.3.3 Übertragung in den beruflichen Kontext

In der digitalen Transformation stehen Unternehmen oft vor komplexen Herausforderungen, bei denen verschiedene Interessen aufeinanderprallen – sei es zwischen Mitarbeitern und Führungskräften, Vorstand und Aufsichtsrat oder zwischen Abteilungen oder externen Partnern. Hier erfordert es eine hohe Verhandlungsfähigkeit, um einen Ausgleich zu schaffen und eine Lösung zu finden, mit der alle Seiten leben können. Diese Fähigkeit ist zentral, um Widerstände abzubauen, Veränderungen zu steuern und sicherzustellen, dass alle Beteiligten mit auf die Reise genommen werden. Ein erfolgreicher Transformationsprozess hängt oft nicht nur von der richtigen Strategie ab, sondern davon, wie gut Führungskräfte verhandeln, unterschiedliche Perspektiven integrieren und den richtigen Zeitpunkt für Entscheidungen erkennen.

Aus meiner Zeit als Chief Digital Officer bei tesa erinnere ich mich an viele solcher Verhandlungssituationen, insbesondere bei der Einführung neuer Technologien wie Microsoft Teams. Ein besonders festgefahrenes Szenario war die Verhandlung zwischen der IT-Abteilung und dem Betriebsrat. Der Betriebsrat äußerte Bedenken hinsichtlich der Einführung von MS Teams, insbesondere in Bezug auf Datenschutz und Überwachung der Mitarbeitenden. Es gab immer wieder die gleichen Diskussionen ohne erkennbare Annäherung. Hier zeigte sich, dass es manchmal notwendig ist, die Argumente ruhen zu lassen und kreative Verhandlungsmethoden zu entwickeln, statt auf schnellen Lösungen zu beharren. Geduld und Flexibilität waren entscheidend, um eine Lösung zu finden, die den Anforderungen beider Seiten gerecht wurde. Erst als wir gegenüber den Mitarbeitern transparent gemacht haben, warum es nicht weiterging mit der Einführung, konnten die entsprechenden Kompromisse gefunden werden.

Zudem werden in der digitalen Transformation häufiger Verhandlungen geführt, die über rein interne Themen hinausgehen, vor allem wenn auf einmal Kunden Forderungen stellen. Bei tesa stellten wichtige große Kunden auf Videomeetings um, noch bevor es Corona quasi vorschrieb. Ein Ignorieren dieser neuen, digitalen Arbeitsweise hätte dazu geführt, diese Kunden zu verlieren.

Verhandlungsfähigkeit ist daher nicht nur eine persönliche Stärke, sondern eine zentrale Führungsqualität in einem zunehmend komplexen, vernetzten und dynamischen Umfeld. Wer diese Kompetenz beherrscht, kann nicht nur Konflikte moderieren, sondern auch eine Kultur der Offenheit und Zusammenarbeit schaffen, die für den langfristigen Erfolg eines Unternehmens in der digitalen Welt unverzichtbar ist.

4.2.2 Strategische Fähigkeiten

Zum Zeitpunkt des Verfassens dieses Buches ist mein Sohn dreieinhalb Jahre alt.

Wie bereits anfangs erwähnt, bin ich sehr begeistert von Strategie an sich; sie fasziniert mich, und ich verfolge sie auch schon seit über drei Jahren wissenschaftlich, baue darauf Geschäftsmodelle auf – und habe dabei in der Zeit mit meinem Sohn immer wieder überlegt, was Strategie im Vatersein bedeutet. Hier versuche ich nun, diese Überlegungen zu transformieren.

Die folgenden drei Fähigkeiten werden im Detail beschrieben und am Ende einer ersten Zusammenfassung unterzogen: *Weitsicht*, *Abstraktionsfähigkeit* und *Zielgenauigkeit*, kurzum: *strategische Fähigkeiten* (Abb. 4.2)

4.2.2.1 Weitsicht

4.2.2.1.1 Geschichte aus dem Alltag

Ich hatte es nicht gewusst, hätte es aber wissen müssen – wäre ich nicht so naiv ins Vatersein hineingestolpert. Der Übermut würde mich sehr schnell einholen, das werdet ihr in allen drei benötigten Fähigkeiten sehen. Und dann, natürlich, passierte es: Es war der erste Spielplatzbesuch von mir, dem frischgebackenen Vater und selbst ernannten Topmanager, und meinem kleinen Sohn – ohne Mami oder sonst jemandem. Endlich war es an der Zeit, dass Papi seinen eigenen Traum auf dem Spielplatz ausleben konnte: die größte Sandburg bauen, die anderen Kinder und deren Väter übertrumpfen. Keiner würde uns dafür verurteilen, schließlich waren wir nur zu zweit auf dem Spielplatz.

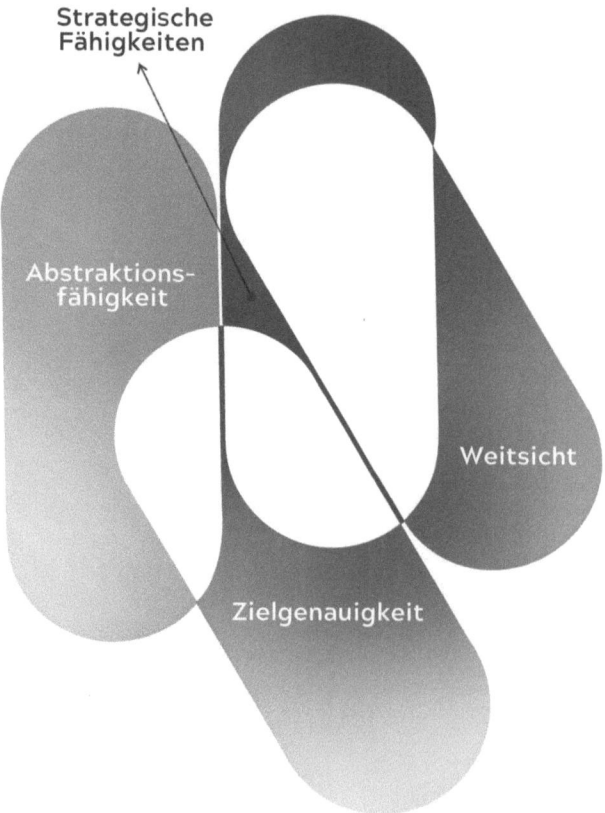

Abb. 4.2 Strategische Fähigkeiten. (Eigene Darstellung)

Die Mutter wollte noch netterweise – und mit, wie sich herausstellte, Weitsicht – genau erklären, wie man „richtig" auf den Spielplatz geht. Aber ich dachte nur: Geht's noch? Echt jetzt? Das soll doch ein Scherz sein. Jetzt will sie wieder alles besser wissen. Ich werde doch wohl in der Lage sein, mit meinem Sohn auf den Spielplatz zu gehen! Meine Ehre war gekränkt – nachvollziehbar, oder? Schließlich hatte ich doch schon viel Erfahrung mit dem Führen von Teams, Mitarbeiter:innen und Unternehmen. Da werde ich wohl auf einen Spielplatz gehen können.

Tja, und so kam es, dass das große Ego und der kleine Mann sich auf den Weg machten. Wir schafften es zumindest reibungslos bis zum Spielplatz, doch dort begann das Abenteuer erst richtig. Kaum angekommen, stellte mir der kleine Mensch die Frage: „Hast du den Bagger dabei?" Meine Antwort daraufhin war nur: „Ja, die Schaufel habe ich eingepackt, aber doch nicht den Bagger – wieso auch? Wir wollen doch im Sandkasten spielen." Hätte ich ahnen können, dass ein Kind auf dem Spielplatz auch einen Bagger braucht! Nach dem ersten Schock und der Kunst, dieses Problem irgendwie zu lösen – wie gesagt, ich war Topmanager, was soll ein Spielplatzbesuch daran ändern –, ging es weiter.

Ich dachte, ich setze mich mit meiner schicken Hose auf die Bank und schaue einfach beim Spielen zu. Weit gefehlt. „Papa, komm in den Sandkasten buddeln." Darauf war ich mit meiner 200-Euro-Hose nicht eingestellt. Danach hatte der kleine Mann Durst – natürlich hatte ich die Flasche vergessen. Kurz darauf lief die Windel aus. Kein Problem, Windeln hatte ich dabei – I am back in business! War wohl nichts, denn Wechselkleidung hatte ich natürlich nicht eingepackt.

Mein Sohn war mit dem Laufrad zum Spielplatz gefahren, ich war zu Fuß. Nach dem Spielen war er völlig erschöpft – und nun? Papi durfte den kleinen Mann, nun in dreckigen Klamotten, auf die Schulter nehmen und das Laufrad unter den Arm klemmen. Übrigens: Die 200-Euro-Hose war nicht das einzige Kleidungsstück, das völlig ungeeignet für den Spielplatz war. Und auf die Idee, dass es hätte regnen können, bin ich auch nicht gekommen. So ging es also zu Fuß nach Hause – obwohl ein Lastenfahrrad daheim auf uns wartete.

Ach ja, auf dem Spielplatz passierten noch viele weitere kleine Dramen, die ich erfolgreich verdrängt habe. Zu Hause angekommen, war keiner von uns beiden wirklich zufrieden – nicht einmal Mami, die alles ausbaden musste. Die Spitze des Eisbergs war dann der Satz meiner Frau: „Das wollte ich dir doch alles sagen …"

Ich ging ins Bett und dachte nach.

4.2.2.1.2 Erkenntnis über die Fähigkeit

Nach diesem Spielplatzabenteuer wurde mir eines klar: Weitsicht ist eine der zentralen Fähigkeiten eines jeden Vaters – und natürlich auch jeder Mutter – und von essenzieller Bedeutung. Weitsicht bedeutet, nicht nur den nächsten Schritt zu sehen, sondern auch die übernächsten und alle möglichen Konsequenzen im Auge zu behalten: Was könnte alles passieren? Worauf kann ich mich bereits im Vorfeld vorbereiten? Wie kann ich dieses Ereignis zum schönsten machen? Und dabei geht es nicht nur um einen Spielplatzbesuch. Es betrifft kleine und große Ereignisse, Erlebnisse mit seinem Kind.

Im Job sollte es für mich selbstverständlich sein, Strategien zu entwickeln, Risiken abzuschätzen und Lösungen für Probleme zu finden, die noch gar nicht aufgetreten sind. Doch im Vatersein hatte ich diese Fähigkeit zunächst völlig unterschätzt – und sie erst hier wirklich erkannt.

Auf dem Spielplatz wurde mir schmerzlich bewusst, dass Weitsicht nicht einfach ein Tool ist, das ich nach Belieben ein- und ausschalten kann. Sie muss in alle Lebensbereiche integriert werden. Hätte ich Weitsicht bewiesen, wäre mir klar gewesen, dass ein Kind mehr als nur eine Schaufel braucht, um im Sandkasten zu spielen. Hätte ich daran gedacht, dass ein Spielplatzbesuch auch Durst, dreckige Kleidung und müde kleine Beine mit sich bringt, wäre ich besser vorbereitet gewesen. Doch genau das ist die Herausforderung: Als Vater vorauszudenken, Szenarien durchzuspielen und immer einen Schritt weiter zu denken, als das Hier und Jetzt es verlangt.

Weitsicht im Vatersein bedeutet nicht, jede Situation bis ins Detail planen zu können – das ist unmöglich. Aber es bedeutet, sich zumindest auf die grundlegenden Bedürfnisse vorzubereiten und flexibel auf Unvorhergesehenes reagieren zu können. An diesem Tag habe ich gelernt, dass Weitsicht im Alltag mit Kindern genauso wichtig ist – und so wird es wohl auch in anderen Lebensbereichen sein. Es geht darum, sich auf kleine, scheinbar unbedeutende Details zu konzentrieren, die später den entscheidenden Unterschied machen. Denn letztlich ist es die Weitsicht, die sowohl in der Familie als auch in anderen Bereichen den entscheidenden Vorteil bringt: die Fähigkeit, nicht nur die nächsten Schritte zu sehen, sondern auch die unvorhergesehenen Herausforderungen zu meistern, bevor sie zu echten Problemen werden.

4.2.2.1.3 Übertragung in den beruflichen Kontext

Ein Spielplatzbesuch ist eine treffende und anschauliche Analogie für eine Transformation: Wie jeder Spielplatzbesuch ist auch die Transformation ein immer wiederkehrendes Abenteuer, voller unerwarteter Wendungen und Ereignisse. Auch wenn wir das Unerwartbare hätten voraussehen können oder vielleicht sogar müssen, gehen wir doch in den meisten Fällen recht naiv in eine Phase der Transformation hinein. Es ist wichtig, hier nochmals zu erkennen, dass Transformation ein fortlaufender Prozess ist, der sich in verschiedenen Phasen abspielt – Phasen, die wir gemeinsam mit unseren Mitarbeiter:innen, Kolleg:innen und anderen Beteiligten durchlaufen. Jede Reaktion auf einen Einflussfaktor kann einem Spielplatzbesuch ähneln.

Natürlich gibt es dabei die Klassiker, wie die vergessene Trinkflasche, an die man sich einfach erinnern und auf die man entsprechend vorbereitet sein sollte. Aber jeder Spielplatzbesuch – wie jede Transformation – erfordert eine neue Perspektive der Weitsicht. Ein anderer Spielplatz, eine neue Phase der Transformation. Das Wetter, die aktuelle Situation im Unternehmen – es gibt unzählige Beispiele, die Weitsicht erfordern. Weitsicht bedeutet auch, auf unterschiedlichste Vorkommnisse vorbereitet zu sein, weil man durch Weitsicht bereits erahnt, dass sie auftreten könnten. Man kann vieles mit Weitsicht antizipieren, aber nicht alles bis ins Detail planen.

In den einzelnen Phasen der Transformation kommt es oft vor, dass sich Menschen überfordert oder abgehängt fühlen – die Komplexität der Transformation und die Reaktionen darauf sind nicht immer einfach zu bewältigen. Führungskräfte müssen die Weitsicht besitzen, um diese Szenarien zu erkennen, eventuell bereits Maßnahmen vorzubereiten und mindestens in der Lage zu sein, flexibel darauf zu reagieren. Dies ist eine zentrale Fähigkeit einer Führungskraft, die es vermeiden sollte, sich in operativen Details zu verlieren, wo sie nicht hingehört.

Ein weiteres Beispiel in der Transformation könnte sein, dass eine neue Technologie nicht das Wertversprechen hält wie ursprünglich angedacht – was passiert dann? Was ist die Alternative? Auch dies erfordert Weitsicht und die Fähigkeit, schnell und effizient auf unerwartete Herausforderungen zu reagieren. Da Transformationsprozesse immer schneller und komplexer werden, muss auch die Weitsicht einer Führungskraft dynamischer und umfassender sein. Somit wird Weitsicht zu einem essenziellen Bestandteil der Fähigkeiten jeder Führungskraft.

Erst durch den Spielplatzbesuch habe ich die Bedeutung der Weitsicht wirklich verstanden und gelernt, wie sie auf Transformationen im Berufsalltag übertragen werden kann. Doch Weitsicht allein wird nicht ausreichen; man braucht auch noch die Abstraktionsfähigkeit, welche im Folgenden vom selben Protagonisten beschrieben wird.

4.2.2.2 Abstraktionsfähigkeit

4.2.2.2.1 Geschichte aus dem Alltag

Es war ein normaler Morgen, wie jeder andere. Also war es sehr früh, Papa noch müde und der Sohn bereits morgens um 6.30 Uhr schon voller Power, um zu spielen und wie immer sehr viele Fragen zu stellen. Es war noch vor dem ersten Kaffee, das sei mal betont, als mein Sohn, neugierig wie immer, seine erste und neueste Frage stellte – und die hatte es aber auch in sich: „Papa, wie kommen die Wolken in den Himmel?" Oh ha! – das war die erste Reaktion, dann musste der Kaffee her. Eine Frage, die in ihrer Einfachheit zunächst harmlos erscheint. Doch wie erklärt man einem kleinen Kind ein komplexes naturwissenschaftliches Phänomen wie die Entstehung von Wolken? Ich war kurz sprachlos und ertappte mich dabei, wie ich überlegte, ob ich nun anfangen sollte, von Verdunstung, Luftströmungen und Kondensation zu erzählen – schließlich war das die wissenschaftliche Wahrheit. Aber wenn ich ehrlich bin, waren die Details und der gesamte Kontext bei mir auch etwas eingerostet, wenn nicht bis voll eingerostet und vielleicht doch zu komplex; mein letztes Seminar über Wetterphänomene im Studium lag dann doch schon eine ganze Weile zurück. Also griff ich spontan, wer macht das auch nicht so, zu meinem Handy, googelte die Entstehung von Wolken und las mir schnell ein paar Fakten durch. Doch dann hielt ich inne. Würde es sinnvoll sein, meinem kleinen Sohn etwas über Moleküle und physikalische Prozesse zu erzählen? Würde er das verstehen? Vermutlich nicht. Der Blick in seine erwartungsvollen Augen machte mir klar: Was er brauchte, war keine komplizierte wissenschaftliche Erklärung. Er wollte eine Antwort, die seine Welt und seine Vorstellungskraft berührte, eine, die er begreifen konnte.

Also entschied ich mich für eine andere Herangehensweise. Ich erzählte ihm eine Geschichte: „Die Sonne wärmt das Meer, und die kleinen Wassertropfen fliegen nach oben, um sich in den Wolken zu verstecken. Manchmal sind die Wolken schwer und müde, und dann lassen sie die Tropfen wieder herunterfallen, wie eine Dusche." Diese bildhafte Erklärung reichte ihm vollkommen aus. Er lächelte, war zufrieden und rannte weiter, um mit seinen Spielsachen zu spielen. Für mich war es jedoch eine kleine, aber bedeutende Lektion in Abstraktionsfähigkeit. Es geht nicht immer darum, alle Details zu kennen oder jede Information präzise weiterzugeben. Vielmehr geht es darum, den Kern einer Idee zu erfassen und sie so zu kommunizieren, dass sie verstanden wird – sei es für ein Kind oder im Berufsalltag.

Kinder sehen die Welt anders als Erwachsene. Ihre Fantasie ist grenzenlos, ihre Denkweise nicht von Regeln und Strukturen geprägt, die wir uns im Laufe des Lebens aneignen. Für sie müssen komplexe Themen vereinfacht und in eine Form gebracht werden, die sie verarbeiten können. Sie erwarten keine umfassenden Erklärungen, sondern Geschichten und Bilder, die ihre Fantasie anregen und ihnen das Gefühl geben, etwas verstanden zu haben. Dies ist ein ständiger Prozess des Abstrahierens und Reduzierens von Komplexität, den Eltern Tag für Tag durchlaufen. Aber diese Fähigkeit ist nicht nur im Umgang mit Kindern nützlich, sondern auch eine Schlüsselkompetenz, die Führungskräfte im Arbeitsalltag dringend benötigen.

4.2.2.2.2 Erkenntnis über die Fähigkeit

Abstraktionsfähigkeit bedeutet nicht, Dinge zu vereinfachen, indem man sie oberflächlich darstellt oder wichtige Details weglässt. Stattdessen geht es darum, die Essenz eines Problems oder einer Idee zu erkennen und sie so darzustellen, dass sie für das Gegenüber verständlich wird – sei es für ein Kind, das etwas über Wolken lernen möchte, oder für ein Team, das eine neue Unternehmensstrategie verstehen soll. Der Kern muss klar und greifbar sein, ohne dabei an Bedeutung zu verlieren.

Ich habe durch meinen Sohn gelernt, dass es oft nicht darauf ankommt, die vollständige Erklärung zu liefern, sondern vielmehr darauf, das Wesentliche in eine Form zu bringen, die leicht zu verstehen ist. Auch wenn mein Sohn nicht die exakten physikalischen Prinzipien hinter der Wolkenbildung kannte, so verstand er doch das Grundprinzip – und das war genug. Diese Art der Abstraktion ist eine der zentralen Fähigkeiten, die Führungskräfte brauchen, um ihre Teams durch komplexe Transformationsprozesse zu führen. Sie müssen in der Lage sein, überflüssige Details auszublenden und sich auf das Wesentliche zu konzentrieren, damit das Team den Kern der Veränderung begreifen kann.

4.2.2.2.3 Übertragung in den beruflichen Kontext

In der Unternehmenswelt stehen Führungskräfte regelmäßig vor der Herausforderung, komplexe Themen zu vermitteln, sei es bei der Einführung neuer Technologien, der Umstrukturierung von Abteilungen oder der Erschließung neuer Märkte. Die Herausforderung liegt darin, diese Komplexität greifbar zu machen, damit alle Beteiligten, egal ob Mitarbeiter:innen, Führungskräfte, Gesellschafter sowie andere Stakeholder, den Prozess verstehen und mittragen können. Wenn Führungskräfte sich in zu vielen Details verlieren oder jede Kleinigkeit erklären wollen, kann dies mehr Verwirrung stiften als Klarheit schaffen. Hier zeigt sich die Bedeutung der Abstraktionsfähigkeit.

Ein Beispiel: Bei der Einführung einer neuen Strategie im Unternehmen ist es nicht notwendig, jede einzelne Phase und jeden Schritt sofort im Detail zu erklären. Stattdessen sollte der Fokus zunächst auf der Vision und dem übergeordneten Ziel liegen, das das Unternehmen erreichen möchte. Die detaillierten Schritte können später folgen, wenn das große Ganze verstanden wurde. Das Team muss die Richtung erkennen, in die es gehen soll, und das Kernziel der Veränderung begreifen. Führungskräfte, die in der Lage sind, dieses Ziel auf eine verständliche und motivierende Weise zu kommunizieren, schaffen die Grundlage für eine erfolgreiche Transformation.

Abstraktionsfähigkeit erfordert jedoch nicht nur intellektuelle Schärfe, sondern auch Empathie. Wie ein Vater sein Kind kennt und weiß, wie es am besten lernt, so muss auch eine Führungskraft ihre Mitarbeiter:innen und deren Bedürfnisse kennen. Es geht nicht darum, Dinge zu vereinfachen, weil man glaubt, dass das Team sie nicht versteht. Vielmehr geht es darum, die Informationen so zu vermitteln, dass sie für das jeweilige Publikum klar und relevant sind. Diese Fähigkeit schafft Vertrauen und hilft, eine gemeinsame Basis zu finden, auf der alle Beteiligten die Veränderungen nachvollziehen und aktiv mitgestalten können.

In Transformationsprozessen wird die Abstraktionsfähigkeit besonders wichtig, wenn die Komplexität überwältigend wird. Die Herausforderung besteht darin, die wesentlichen Elemente zu erkennen, diese klar zu kommunizieren und den Fokus auf die wichtigsten Ziele zu richten. Es ist die Aufgabe der Führungskraft, den Überblick zu behalten und die Komplexität auf das Wesentliche zu reduzieren, sodass alle Beteiligten verstehen, was wirklich zählt. Genau wie ein Vater seinem Kind die Welt auf einfache und verständliche Weise erklärt, muss eine Führungskraft ihren Teams die Kernaspekte einer Transformation nahebringen.

Schlussendlich ist Abstraktionsfähigkeit eine der zentralen Fähigkeiten, die Führungskräfte in Transformationsprozessen beherrschen müssen. Sie hilft, eine Brücke zwischen der oft überwältigenden Komplexität der Unternehmenswelt und den praktischen Anforderungen des Alltags zu schlagen. Sie schafft Klarheit, wo Verwirrung droht, und ermöglicht es den Menschen, die relevanten Informationen zu erkennen, die sie brauchen, um in Zeiten des Wandels erfolgreich zu sein. Denn letztlich geht es darum, den Überblick zu behalten und gezielt das Wesentliche herauszuarbeiten – sowohl im Vatersein als auch im Beruf.

4.2.2.3 Zielgenauigkeit

4.2.2.3.1 *Geschichte aus dem Alltag*

Es war wieder ein Sonntagmorgen, und mein Sohn und ich waren mal wieder sehr früh wach und hatten uns etwas ganz Besonderes vorgenommen: Wir wollten einen Drachen steigen lassen. Die Idee kam von ihm – vermutlich hatte er sie aus der Kita –, und wie so oft war ich begeistert und bedingungslos, seinen Wunsch zu erfüllen. Schließlich ist es immer ein besonderes Erlebnis, gemeinsam etwas Neues zu unternehmen. Mit dieser Vorfreude machten wir uns also auf den Weg zu einer großen Wiese. Der Wind stand gut, die Sonne schien, und mein Sohn konnte es kaum erwarten, den Drachen in die Luft zu bekommen. Doch was so einfach und mühelos aussah, entpuppte sich schnell als schwieriger als erwartet.

Ich hielt den Drachen hoch, ließ die Leine los – und er fiel direkt wieder auf den Boden. Kein Problem, dachte ich mir. Es war der erste Versuch, also einfach noch mal probieren. Doch nach dem fünften oder sechsten Versuch, bei dem der Drachen immer wieder zu Boden stürzte, begann mein Sohn ungeduldig zu werden: „Papa, warum fliegt der Drachen nicht?" Seine Enttäuschung war sichtbar, und ich fragte mich, warum das eigentlich nicht funktionierte. Ich war doch vorbereitet, oder? Doch anscheinend fehlte etwas Entscheidendes.

Dann wurde mir klar: Zielgenauigkeit. Es reichte nicht aus, einfach den Drachen hochzuhalten und loszulassen. Ich musste die Situation besser einschätzen, den Wind richtig fühlen, den richtigen Moment abpassen, um die Leine zu ziehen und dem Drachen den richtigen Auftrieb zu geben. Es war nicht nur eine Frage des Machens, sondern des gezielten Handelns. Mit etwas Geduld und einer gezielteren Herangehensweise hob der Drachen schließlich ab. Der Schlüssel lag darin, den richtigen Moment zu erkennen und die passende Aktion zur richtigen Zeit durchzuführen.

Mein Sohn jubelte, als der Drachen endlich in die Höhe stieg. Für mich war es eine kleine, aber bedeutende Lektion in Zielgenauigkeit: Erfolg erfordert nicht nur Aktion, sondern präzises Handeln im richtigen Moment. Das gilt nicht nur für den Drachen auf der Wiese, sondern für viele Herausforderungen des Alltags – und natürlich auch für das Berufsleben.

4.2.2.3.2 Erkenntnis über die Fähigkeit

Zielgenauigkeit bedeutet, die richtige Maßnahme im richtigen Moment zu ergreifen. Es reicht nicht, einfach nur aktiv zu sein oder ständig etwas zu tun. Vielmehr geht es darum, die Situation genau zu beobachten, abzuwarten und dann präzise zu handeln, um das gewünschte Ergebnis zu erzielen. Dies ist besonders im Vatersein oft der Fall: Wenn ich meinem Sohn zuhöre, seine Bedürfnisse erkenne und im richtigen Moment das Passende tue, erziele ich die besten Resultate. Es geht nicht darum, immer der schnellste oder aktivste zu sein, sondern darum, geduldig und bewusst zu handeln, wenn es darauf ankommt.

Diese Fähigkeit zeigt sich auch in vielen alltäglichen Situationen mit Kindern, etwa wenn ich merke, dass mein Sohn bereit ist, eine neue Herausforderung anzunehmen – sei es beim Fahrradfahren, natürlich ohne Stützräder, oder im ersten Schwimmkurs. In solchen Momenten hilft Zielgenauigkeit: den richtigen Zeitpunkt erkennen, den Sohn ermutigen und die passenden Hilfestellungen geben, um ihn erfolgreich voranzubringen.

Zielgenauigkeit erfordert jedoch mehr als nur Timing. Sie verlangt Präzision, Fokus und die Fähigkeit, die relevanten Faktoren zu analysieren. Es geht darum, nicht nur die Gegenwart zu verstehen, sondern auch die Auswirkungen des eigenen Handelns auf zukünftige Entwicklungen zu bedenken. Dies gilt nicht nur im Alltag als Vater, sondern besonders auch in der Rolle als Führungskraft.

4.2.2.3.3 Übertragung in den beruflichen Kontext

Auch im Berufsleben ist Zielgenauigkeit von zentraler Bedeutung. Vor allem in Transformationsprozessen, die oft von Unsicherheit und vielen beweglichen Teilen geprägt sind, muss eine Führungskraft in der Lage sein, im entscheidenden Moment die richtigen Maßnahmen zu ergreifen. Das bedeutet, strategisch zu denken, aber auch operativ in der Lage zu sein, präzise Entscheidungen zu treffen, die den langfristigen Erfolg sichern.

Ein klassisches Beispiel ist die Einführung einer neuen Technologie im Unternehmen. Die Implementierung verläuft nicht reibungslos, und die ersten Probleme tauchen auf. Die natürliche Reaktion vieler Führungskräfte wäre, sofort hektisch nach Lösungen zu suchen. Doch zielgenaue Führung bedeutet, erst einmal innezuhalten, die Situation gründlich zu analysieren und dann gezielte Maßnahmen zu ergreifen, die nachhaltig wirken. Es geht nicht darum, schnell zu reagieren, sondern klug und überlegt zu handeln.

In Transformationsprozessen gibt es oft Phasen, in denen die Komplexität und Unsicherheit überwältigend wirken. Hier ist es besonders wichtig, den Überblick zu behalten und nicht jedem kleinen Problem sofort hinterherzujagen. Stattdessen müssen Führungskräfte ihre Prioritäten klar setzen und den Fokus auf die wichtigsten Hebel legen. Wenn jede Kleinigkeit sofort Aufmerksamkeit erhält, besteht die Gefahr, dass das große Ganze aus den Augen verloren wird. Zielgenauigkeit bedeutet, den Kern der Herausforderung zu erkennen und dann gezielt und präzise die richtigen Schritte zu unternehmen.

Ein weiteres Beispiel: Bei der Einführung einer neuen Strategie müssen Führungskräfte nicht jeden operativen Schritt im Detail überwachen. Stattdessen sollten sie sich auf das große Ziel konzentrieren, die Vision vermitteln und nur in den entscheidenden Momenten eingreifen, wenn die Richtung verloren zu gehen droht. Dies erfordert Zielgenauigkeit – die Fähigkeit, im richtigen Moment das Wesentliche zu erkennen und mit den passenden Maßnahmen zu reagieren. Nur so kann ein Team effizient arbeiten und die Herausforderungen der Transformation meistern.

Zielgenauigkeit erfordert auch die Fähigkeit, klare Prioritäten zu setzen. In einem Unternehmen gibt es ständig unzählige Aufgaben und Herausforderungen, die alle gleichzeitig Aufmerksamkeit fordern. Doch eine zielgenaue Führungskraft weiß, dass nicht alles gleich wichtig ist. Sie kann zwischen dem, was dringend ist, und dem, was wirklich wichtig ist, unterscheiden. Diese Unterscheidung ist entscheidend, um Ressourcen gezielt und effektiv einzusetzen und das Team auf die zentralen Ziele zu fokussieren.

Schlussendlich bedeutet Zielgenauigkeit, eine Balance zwischen Geduld und Entschlossenheit zu finden. Es geht darum, den richtigen Zeitpunkt zu erkennen, um zu handeln, aber auch die Entschlossenheit zu haben, im entscheidenden Moment alles zu geben. Eine Führungskraft, die zielgenau handelt, gibt ihrem Team nicht nur eine klare Richtung vor, sondern führt es auch durch die Phasen der Unsicherheit, indem sie mit Ruhe und Fokus auf das übergeordnete Ziel hinarbeitet.

Im Kontext von Transformationsprozessen ist Zielgenauigkeit die Fähigkeit, im entscheidenden Moment die richtigen Hebel zu setzen.

Dies ist besonders wichtig in Zeiten der Veränderung, wenn Ressourcen begrenzt und Unsicherheiten hoch sind. Führungskräfte, die zielgenau agieren, vermeiden es, sich in operativen Details zu verlieren. Sie haben den Weitblick, das große Ganze zu sehen, und die Präzision, im richtigen Moment die entscheidenden Maßnahmen zu ergreifen, um das Unternehmen voranzubringen.

Gerade in Zeiten schneller Veränderungen ist Zielgenauigkeit eine entscheidende Kompetenz. Es geht nicht nur um schnelle Reaktionen, sondern um strategisch kluges Handeln – zur richtigen Zeit, mit den richtigen Maßnahmen und dem Fokus auf das Wesentliche. Dies gilt sowohl im Umgang mit unseren Kindern als auch in der Führung von Teams im Beruf.

Zielgenauigkeit ist somit nicht nur eine Fähigkeit, die ich auf der Wiese beim Drachensteigen gelernt habe, sondern eine essenzielle Fähigkeit für erfolgreiche Führungskräfte in der modernen Geschäftswelt.

4.2.3 Kommunikative Fähigkeiten

Transformation stellt uns immer wieder vor neue Herausforderungen … Oh je, so langweilig wollte ich mein Kapitel eigentlich nicht starten. Aber genau das meine ich: In einem Transformationsprozess werden wir ständig mit neuen, unbekannten Dingen konfrontiert, die wir noch nicht einordnen können.

Im Vertrieb habe ich selbst erfahren, wie viele Fehler man – und auch ich – machen kann, wenn es um die Ansprache und darüber hinausgeht. Hier ziehe ich meine Analogien. Zur Erinnerung: Meine folgenden drei Fähigkeiten sind *Kontextverständnis*, *Geschichtenerzählfähigkeit* und *Kompromissbereitschaft*, kurzum: *kommunikative Fähigkeiten* (Abb. 4.3).

4.2.3.1 Status und Kontext verstehen

4.2.3.1.1 Geschichte aus dem Alltag

Ich stehe in der Küche und rühre Grießbrei. Ein Schrei in der Frequenz von ca. 5000 Hertz ertönt aus dem Kinderzimmer. Mein Unterbewusstsein nimmt das zwar wahr, aber ich bewege mich nicht.

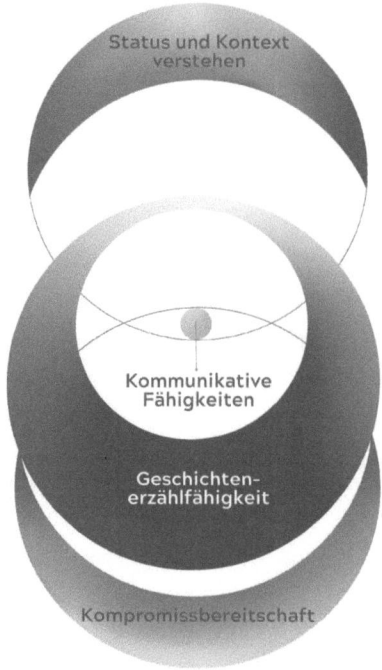

Abb. 4.3 Kommunikative Fähigkeiten. (Eigene Darstellung)

Warum ist das so? Ganz einfach: Ich habe wahrscheinlich 63.000 Schreie seit der Geburt meiner Kinder gehört und kann mittlerweile gut unterscheiden, ob das überhaupt mein Kind ist, das da schreit, ob das ein freudiges Kreischen aus dem Kinderzimmer ist oder ein panischer Schrei, weil der große Bruder den kleinen im Schrank eingesperrt hat.

Ich kenne also den Kontext, in dem die Schreie produziert werden, und kann entsprechend reagieren. Das Erziehen/Begleiten meiner Kinder ist ein ständiges Anpassen an Veränderungen, die ohne Vorwarnung eintreten. Das Kind, das sich nie für Klamotten interessiert hat, kann plötzlich nur noch mit der blauen Hose aus dem Haus. Das Honigbrot, das zu jeder Tag- und Nachtzeit unser Retter in der Not war, ist über Nacht zum abscheulichsten Angebot geworden („Nein, das will ich nie mehr essen").

Und dann erst dieser Wissensdurst. Bitte nicht falsch verstehen, ich liebe es, wenn meine Kinder mit Fragen zu mir kommen. Nur muss ich mir eingestehen, dass ich zu Beginn nicht besonders smart geantwortet habe.

- Gibt es Stifte, mit denen man die Luft anmalen kann?
- Wenn Menschen sterben und in den Himmel kommen, fliegen die Flugzeuge dann in die Toten rein?
- Wie wird Glas gemacht?
- Woher weißt du eigentlich, dass Mama die beste Frau für dich ist?

Ja, wie wird Glas eigentlich gemacht? So grob meine ich das zu wissen (Sand, Hitze, schmelzen und dann irgendwie was mit Kristallen?). Dann doch lieber ChatGPT fragen: „Bitte erkläre meinem 5-jährigen Sohn, wie Sand gemacht wird." Warum ist ChatGPT besser darin, meinem Sohn etwas zu erklären? Durch einen klaren Vorteil: ChatGPT hat den Prompt bekommen, dass die Zielgruppe fünf Jahre alt ist. Es reicht nicht, Wissen einfach nur weiterzugeben. Wir müssen vorher verstehen, in welchem Kontext oder welcher Situation sich unser Gegenüber befindet.

Gerade bei Kindern ist das offensichtlich der Fall. Wenn ich die Frage nach dem Kontext nicht gestellt hätte („Wofür möchtest du das denn wissen?"), säße der Bub nun mit Streichhölzern im Sandkasten, um selbst Glas herzustellen …

4.2.3.1.2 Erkenntnis über die Fähigkeit

Im Laufe der Zeit habe ich aber gelernt, dass Aussagen, die ich in einer Transformation antreffe, immer mindestens zwei Ebenen haben.

1. Ebene der offensichtlichen sachlichen Frage:

- Wie wird Glas gemacht?
- Wie sollen wir Kunden über neue Kanäle ansprechen?
- Wie viele Ressourcen brauche ich denn, wenn wir XY umsetzen?

2. Ebene des Kontextes:

- Warum ist das jetzt relevant?
- Was bezweckt die Person?
- Welchen Wissensstand hat die Person?
- Welche Erfahrung liegt dem Gesagten zugrunde?

Ebene 1 ist ja meist schnell befriedigt. Aber ich gebe ehrlich zu: Den Kontext einer Frage immer richtig einzuordnen, das ist die wirkliche Herausforderung. Das Gleiche gilt auch für Antworten, die ich bekomme. Wenn ich Mitarbeitende nach ihrer Meinung frage, muss ich mir immer wieder den Kontext vor Augen führen, in dem diese Antwort entstanden ist.

Als Führungskräfte und Eltern haben wir die große Aufgabe, neben der sachlichen Frage auch den Kontext zu verstehen und zu sehen, wo im Prozess die Person sich gerade befindet.

4.2.3.1.3 *Übertragung in den beruflichen Kontext:*

Und hier kommen wir zur Gefahr!

Wenn wir nun annehmen, dass es ein Aspekt der Transformation ist, dass wir mit Herausforderungen konfrontiert werden, die wir noch *nicht* kennen, dann sollten wir Reaktionen unserer Mitmenschen immer im Kontext genau dieser Ungewissheit behandeln.

Neue Entscheidungen oder Fragen in einer Transformation sind anstrengend, denn wenn die Antwort leicht kommt, würde das bedeuten, dass wir auf Basis unserer bisherigen Erfahrungen zu diesem Schluss gekommen sind. Aber was, wenn die Erfahrungen in der neuen Situation nicht ausreichend sind?

Aus meiner Sicht ist das der Grund, weshalb Transformation „wehtut" oder „anstrengend ist". Weil es ein sehr bewusster Prozess sein muss. Wenn wir eine schnelle Antwort hätten, würde das bedeuten, dass wir keiner wirklich neuen Herausforderung gegenüberstehen.

Noch schlimmer wäre es, wenn wir auf etwas Neues mit alten Erfahrungen und Werkzeugen reagieren. In meiner Zeit als Vertriebsleiter bei Microsoft waren wir mittendrin in der „digitalen Transformation" unserer Kunden und selbst in der Transformation hin zum Cloud-Geschäft, anstelle des bisher lukrativen On-Premise-Server-Geschäfts.

Da hatten wir einen IT-Leiter, der uns Hausverbot angedroht hat, wenn wir „noch einmal mit den Abteilungen über diese Cloud sprechen". Diesen Kunden nun einfach in Ruhe zu lassen, war keine Alternative. Die Reaktion stammte aus alten Erfahrungen und Projektionen.

Sind wir mal ehrlich: Ein Prozess oder eine Anwendung, der beziehungsweise die seit 30 Jahren Usus ist und plötzlich verändert werden soll, führt garantiert zu vielen Ängsten:

- Cloud-Server könnten gehackt werden
- Massive Mehrarbeit
- Jemand entdeckt, dass man selbst nicht weiß, wie das geht
- Angst vor der Veränderung, falls es nicht funktioniert

Was haben wir gemacht? Wir haben diesem IT-Leiter erst einmal zugestimmt. Wir haben genau diese Liste von Sorgen erstellt und uns überlegt, wie wir diese entkräften können.

Wir haben gezeigt, wie viel sicherer die Cloud im Gegensatz zum Serverraum ist. Wir haben detaillierte Projektpläne erstellt, um zu zeigen, dass es eine klare Schritt-für-Schritt-Umsetzung gibt. Ich gebe zu, der gute Mann war bis zuletzt kein großer Fan, denn so einfach ändert man seine Gefühlswelt nicht.

Aber im ersten Schritt muss man eben zunächst genau das feststellen, damit wir überhaupt in die Lage kommen, in der Transformation einen Schritt weiterzugehen.

Halten wir fest: Wenn neuartige Impulse auf uns Menschen treffen, sind wir schnell dabei, diese mit unseren Erfahrungen zu bewerten, denn schnelle Antworten sind einfache Antworten.

Unsere Aufgabe als Führungskraft ist es aber, dass wir den Kontext der uns gestellten Fragen und Antworten überprüfen: Erst wenn wir wissen, aus welchem System die Frage/Antwort kommt, sind wir in der Lage, sauber zu kommunizieren und damit die Komplexität zu reduzieren.

Das bringt uns zu unserer nächsten Superpower: der Geschichtenerzählfähigkeit.

4.2.3.2 Geschichtenerzählfähigkeit

Über Storytelling wurde schon mehr als genug geschrieben und wurden viele TED Talks gehalten. Hier widmen wir uns aber der Superpower, die jede und jeder von uns besitzt – spätestens dann, wenn wir Eltern geworden sind: Geschichten erzählen.

4.2.3.2.1 Geschichte aus dem Alltag:

Zähneputzen ist ein altes Thema. Im Zuge dieses Buches habe ich 12 Freunde befragt, von denen 11 gesagt haben, dass Zähneputzen fast immer zu Diskussionen führt. Eltern werden mich jetzt hassen, aber ich habe es so gedreht, dass meine zwei Kinder streiten, wer als *Erstes* Zähne bei mir Zähne putzen darf.

Und das geht so: Da ich mir grundsätzlich gerne lustige Geschichten ausdenke, nutze ich das in der Zahnputzsituation. Derjenige, der als Erstes zum Zähneputzen kommt, darf sich eine Peppa-Wutz-Geschichte wünschen, die ich dann beim Putzen erzähle. Den ersten Teil der Geschichte gibt es bei Kind 1 und den zweiten Teil bei Kind 2. Zufällig gehen die Geschichten immer so lange, bis die Zähne geputzt sind.

Dabei haben wir so großartige Storys wie:

- Peppa und die Tomate im Rucksack
- Peppa und der Vampir in der Dose
- Peppa und der Hund im Baum
- Peppa und der Laubbläser, der Schnupfen hat

Ich glaube, die Logik ist klar; ich nehme die Struktur dieser unsäglichen Kinderserie und baue eine neue Figur ein, die dann irgendetwas Lustiges macht. Und zack sind die Zähne geputzt. Ich bin mir unsicher, wie lange das noch gut geht, aber die Kraft der Geschichten bei Kindern ist einfach unglaublich.

4.2.3.2.2 Erkenntnis über die Fähigkeit

Gerade das Thema „Geschichten erzählen" scheint in der Kindererziehung nahezuliegen. Und ich brauche sowohl die Fähigkeit zu verstehen, in welchem Kontext mein Kind sich befindet, und dann die Fähigkeit, eine Geschichte zu erzählen.

Wie damals, als mein Sohn fragte, was ich im Büro eigentlich sonst noch mache außer „Knöpfe drücken":

„Meine Kunden haben meist Probleme damit, ihren Umsatz zu erhöhen, und brauchen Hilfe dabei, ihre Vertriebsstrategie zu optimieren oder gegebenenfalls ihr Sales Team so zu trainieren, dass sie auch wirklich selbständig verkaufen …"

Diese Antwort ist keine Option für einen Fünfjährigen. Also erzähle ich Geschichten:

„Schau mal, deine Tante, die ist ja Friseurin. Da kommen Menschen und lassen sich die Haare schneiden. Und für das Schneiden bekommt deine Tante Geld von den Menschen. Mit dem Geld kann sie dann ihr Essen kaufen oder dir wieder ein großartiges Buch schenken. Jetzt stell dir mal vor, es kommen keine Menschen mehr zu ihr. Was wäre dann?

Genau, dann kann sie keine Haare mehr schneiden und verdient auch kein Geld mehr.

Was ich dann mache, ist, ihr helfen, dass wieder mehr Leute zum Haareschneiden kommen."

Was aber macht eine gute Geschichte aus?

1. Sie ist auf die Situation und den Kontext des Zuhörers ausgerichtet.
2. Sie transportiert Informationen.
3. Informationen werden in verdaubare Pakete gegliedert, sodass das Gegenüber keine großen Hürden hat, diese zu verstehen.
4. Die Geschichte bedient sich einer einfachen Sprache.
5. Und sie hat einen Anfang, einen Mittelteil und das Ende, bei dem die Erzählstränge Sinn ergeben.

Im Gegensatz zu einer informativen Antwort transportiert eine Geschichte auch Emotionen. Wer emotional überzeugt ist, braucht nur noch rationale Begründungen. Abgesehen von großartigen Zahnputzgeschichten lässt sich diese Logik auch wunderbar in der Transformation nutzen.

Wir wollen der Belegschaft eine wichtige strategische Änderung vermitteln: Packe es in eine Geschichte.

Wir wollen einem Individuum eine schwierige Entscheidung erklären: Packe es in eine Geschichte.

Weiter oben habe ich bereits angeschnitten, dass uns in einer Transformation viele Unbekannte begegnen. Und das kreiert Unsicherheit. Und viele Menschen haben gelernt, bei Unsicherheit lieber nicht als falsch zu entscheiden. Eine Person, die aus Angst vor dem Ungewissen in eine reaktive Haltung verfällt, können wir nicht rein durch Fakten zum Handeln bringen.

Wir müssen die Person dort ansprechen, wo sie ist (Kontext), dann müssen wir die Situation einordnen und mithilfe von Emotionen den Weg aufzeigen, den es sich lohnt zu gehen, um zum Ergebnis zu gelangen.

4.2.3.2.3 Übertragung in den beruflichen Kontext

Die Fähigkeit, Informationen in schöne Bilder zu packen, habe ich in den letzten Jahren sehr gut auch in meinem Beruf umsetzen können. Jetzt denken sicherlich einige: War ja klar, der Verkäufer kann gute Storys erzählen. No shit.

Ich spreche hier allerdings nicht von „lustigen Storys", sondern von wirklich wirkungsvollen Geschichten, die das Gegenüber zum Handeln bringen! Vertrieb beziehungsweise eine Kaufentscheidung ist nichts anderes als ein Transformationsprozess.

Der erste Grund, warum Kunden nicht kaufen, ist, dass sie dem Verkäufer nicht abnehmen, mit einem Deal zu gewinnen. Oft wissen potenzielle Kunden nicht, was sie Positives erwartet, wenn die Transformation/der Kaufprozess abgeschlossen ist. Viele Verkäufer stellen ihrem potenziellen Kunden ihr Produkt vor und hoffen dann, dass dieser nun seine eigene Situation so versteht, dass er die Lösung selbst gedanklich implementiert und dann auch noch die eigenen Vorteile ableitet. Doch das funktioniert selten – die meisten Kunden brauchen klare Bilder und Emotionen, um den Wert wirklich zu verstehen.

Wer so im B2B verkauft, landet schnell bei uns im Training, denn Umsatz machen diese Seller nicht.

Und wie genau machen wir das, dass unsere Kunden uns zuhören und idealerweise auch kaufen? Ja genau, wir analysieren ihre Situation, kennen den Kontext und bringen unsere Geschichte so rüber, dass sie sie auch leicht verdauen können.

Wenn ich selbst von Vertrieblern angerufen werde oder in Verkaufsgesprächen sitze, liebe ich es eine spezielle Frage zu stellen: „Was kannst du für mich tun?"

Was glaubt ihr, wie oft wir da zu hören bekommen:

„Wir sind ein spezialisierter It-Service-Provider mit insgesamt über 700 Mitarbeitern. Wir können für Sie alles abdecken von Cyber Threat Protection über Managed Services hin zu Pentest."

Wo liegt hier das Problem?

Ich habe nun Informationen bekommen, muss aber selbst darüber nachdenken, was das für mich bedeutet. Was aber, wenn ich nicht weiß, dass ich Managed Services brauche? Eine bessere Antwort holt das Gegenüber ab, malt ein Bild im Kopf und löst Emotionen aus. (Ja, auch im B2B verkaufen wir über Emotionen.)

Passender wäre eine Antwort wie:

„Sie haben ja vorhin erwähnt, dass Sie kürzlich eine Cyber-Attacke hatten; ich schätze mal, das waren super anstrengende Tage, oder?
 Genau, und da setzen wir an, unsere Kunden brauchen keine Angst mehr haben, dass sie am Wochenende in die Firma müssen, um Server zu retten oder Zugänge zu sperren. Wir managen die gesamte Sicherheitstechnologie und attackieren uns dabei regelmäßig selbst, um alle Schwachstellen zu finden."

Mit solchen Geschichten erzeugen wir Bilder im Kopf anderer Menschen und schaffen es, dass diese eben in das „schnelle Denken" eingreifen. Somit hat das Gegenüber eine unbewusste positive Reaktion.

Was macht diese Geschichte besser? Sie greift die negativen Gefühle des Sicherheitsvorfalls auf und bietet dann sofort eine wohlklingende Antwort, die nun eine Lösung dafür verspricht. In diesem Schritt wird noch nicht über das Wie gesprochen, sondern erst der Weg bereitet, dass die rationalen Gründe nun auch wirklich Anklang finden.

Der Prozess danach ist die Rationalisierung der unterbewussten Entscheidung. Und der Schritt muss natürlich auch gegangen werden. Aber wenn wir den ersten Schritt überspringen, wird es sehr schwer, Akzeptanz für unsere Nachricht zu bekommen.

Wir sehen also schon wieder: Ohne Kontext wird auch die Geschichte nicht viel bringen. Erst müssen wir den Kontext verstehen oder aufbauen, dann müssen wir das Gefühl unseres Gegenübers ansprechen, und dann können wir rationale Gründe geben, die den Inhalt im Detail transportieren. So gelingt gutes Geschichtenerzählen. Aber oh Schreck: Manchmal reicht das nicht aus. Unser Gegenüber ist noch nicht so weit, dass er das Produkt kaufen will, die Zähne geputzt werden oder die neue Entscheidung der Führung akzeptiert wird. Dann bedarf es einer weiteren Superpower: Kompromissbereitschaft.

4.2.3.3 Kompromissbereitschaft

4.2.3.3.1 Geschichte aus dem Alltag

„Mein zweijähriges Kind schmeißt sich im Supermarkt auf den Boden, weil es Gummibärchen will, und es ist egal, was ich sage, es hört nicht auf."

Ich habe nun Erfahrung mit zwei solchen Wesen und muss sagen: Pech gehabt. Diese Kinder wollen in diesem Fall keinen Kompromiss schließen (komm, wir nehmen Aprikosen, die magst du doch auch … hahaha, nice try). Du hast genau zwei Optionen: Gummibärchen kaufen oder auf den Arm nehmen und rausgehen. Diese kleinen Geschöpfe haben noch keinen ausgeprägten präfrontalen Kortex, der sie befähigt, ihre Impulse so zu kontrollieren, dass sie kompromissbereit sind.

Aber wir Eltern sind es. Wir müssen uns klar darüber sein, dass es ein Kompromiss ist, wenn wir die Gummibärchen nun kaufen. Und zwar für „Jetzt ist Ruhe", aber beim nächsten Mal weiß das Kind, dass rumschreien wohl funktioniert. Aber das Schöne ist, je älter die Kinder werden, desto fähiger sind sie, selbst die Kompromisse einzugehen. Kompromisse werden von uns Vätern tagtäglich abverlangt. Noch nie habe ich meine eigenen Bedürfnisse so häufig hintanstellen müssen wie in den letzten sechs Jahren meines Lebens.

Kein Restaurantbesuch beim Italiener, weil mir danach ist, sondern Griesbrei mit Apfelmus, weil das Kind völlig fertig ist und ins Bett muss. Beim gemeinsamen Städtetrip nach Berlin nicht zu meinem Lieblingsinder, denn der hat ja keine Pommes.

Und das alles tun wir, um ein gemeinsames Leben so reibungslos wie möglich zu gestalten. Und sind wir mal ehrlich, natürlich hätten wir in Berlin zum Inder gehen können, aber das Ergebnis wäre gewesen, dass wir höchst wahrscheinlich zwei maulende Kinder am Tisch gehabt hätten. Also doch lieber bei Peter Pane den Burger essen, den ich so lala finde, und dafür mal fünf Minuten mit meiner Frau reden können.

4.2.3.3.2 Erkenntnis über die Fähigkeit

Kompromisse werden von uns abverlangt, sobald gegensätzliche Erwartungen im Raum stehen. Oft wird das mit Kooperationsbereitschaft verwechselt. Was genau grenzt aber die Kompromisse von Kooperationen ab? Bei der Kooperation ist jemand bereit, mit anderen Menschen zusammenzuarbeiten, um ein gemeinsames Ziel zu erreichen. Es geht dabei nicht darum, dass dabei Kompromisse eingegangen werden, sondern darum, dass alle ihre Ressourcen bündeln, um ein gemeinsames Ziel zu erreichen.

So haben wir fünf Autoren zum Beispiel beim Schreiben dieses Buches unsere Erfahrungen und Fähigkeiten gebündelt, um am Ende das gemeinsame Ziel zu erreichen, dieses Buch zu veröffentlichen. Niemand hat dabei Kompromisse eingehen müssen.

Bei Kompromissen hingegen existiert nicht unbedingt ein gemeinsames Ziel, sondern jede Partei hat eigene Vorstellungen. Ein Kompromiss wird dann geschlossen, wenn mindestens eine Partei bereit ist, von ihren Forderungen abzurücken. Am leichtesten ist dies in einer Verhandlung zu sehen. Käufer und Verkäufer haben beide ihre Positionen, die ganz offensichtlich nicht zueinander passen. Ein Handel oder Deal kommt erst dann zustande, wenn mindestens eine Partei von ihrer Position abrückt, um dem Gegenüber entgegenzukommen. Ein Verkäufer geht einen Kompromiss ein, indem er den Preis um zehn Prozent senkt, damit er den Abschluss noch heute machen kann, anstatt dass sich die Diskussion noch über mehrere Tage zieht.

Das Spannende dabei ist, dass Kompromisse sehr oft eine negative Konnotation haben. Wer einen Kompromiss eingeht, bekommt ja ganz eindeutig nicht seine ursprüngliche Forderung erfüllt. So weit, so gut. Das könnte man als Verlust deuten. In der Realität aber sind wir ja keine binären Geschöpfe. Der Verkäufer, der die zehn Prozent nachlässt, hat diese ja vielleicht vorher schon draufgelegt, oder er bewertet die Geschwindigkeit des Abschlusses als wichtiger als den Preisnachlass von zehn Prozent.

Halten wir mal fest: für Kompromisse brauchen wir zwei Parteien, die eigene Erwartungen haben, die auf den ersten Blick nicht vollständig zueinander passen.

4.2.3.3.3 Übertragung in den beruflichen Kontext

Wie also sieht das in unserem Berufsalltag aus? Zumindest ich habe auch hier das Gefühl, recht oft Kompromisse eingehen zu müssen. Sobald wir einen Veränderungsprozess anschieben, kommen, wie wir gelernt haben, Unsicherheiten auf. Sobald wir Menschen unsicher sind, ziehen wir uns gerne auf bewährte Positionen zurück. Das kann oft dazu führen, dass keine oder schlechte Entscheidungen gefällt werden.

Nehmen wir das Beispiel neuer Plattformen wie Tiktok. Ein Unternehmen, das sich im Transformationsprozess befindet, entweder digitaler ihre Kunden ansprechen zu wollen oder eine andere Zielgruppe zu erreichen, wird vielleicht vor der Frage stehen, ob es auf dieser Plattform aktiv werden soll. Ich kenne diese Diskussionen. Die neue Marketingleitung ist der Meinung, dass es nun der ideale Weg ist, um neue Interessenten für die eigene Marke anzusprechen. Die Geschäftsführung wiederum ist eher konservativ und hat Sorge, dass das nichts bringt oder lächerlich rüberkommt. Hier habe ich in den letzten Jahren viele Kompromisse gesehen, von denen die einen erfolgreich waren, die anderen hingegen nicht.

Wenn der Kompromiss so aussieht, dass die Geschäftsführung ihr Okay gibt, aber verlangt, dass dort bitte das Videomaterial aus der vorhandenen Imagekampagne verwendet wird und man doch bitte einfach den Content von LinkedIn auf Tiktok ausspielen soll, dann wird das mit großer Sicherheit in die Hose gehen. Zwar haben beide Parteien einen Kompromiss beschlossen, aber das Ergebnis wird weitestgehend negativ aussehen. Ein Kompromiss könnte aber auch sein, dass die Geschäftsführung dem Marketingteam die Freiheit gibt einen Projektplan zu entwerfen und zu sagen, welches Budget für einen ersten Test notwendig wäre. Die eine Hälfte wird aus dem bestehenden Marketingbudget bezahlt, und die andere Hälfte kommt als Sonderbudget von der Geschäftsführung.

Dass Vertrieb und Transformation viele Parallelen haben, habe ich schon gezeigt und würde das gern an diesem Beispiel noch vertiefen.

Jeder, der sich schon mal professionell mit Verkauf und Vertrieb beschäftigt hat, weiß, wie wichtig es ist, dass ein Kunde gerne kauft.

Die 1990er-Jahre-Verkaufstricks, die neue Kunden eher überrumpeln als überzeugen, finden sich leider noch immer in so manchen Verkaufswerkzeugen.

Ein Kunde, der ein Produkt nur deswegen kauft, weil er sich gerade überrumpelt oder sich zu einem Ja überredet fühlt, wird garantiert kein zweites Mal kaufen. Er tätigt die Kaufentscheidung aus einem Kompromiss, um aus der Situation zu fliehen.

Kompromisse sind also keineswegs direkt positiv oder negativ. Zu bewerten sind immer die Folgen, die aus den Kompromissen resultieren beziehungsweise ob beide Parteien nach der Einigung mit einem guten Gefühl in die gemeinsame Richtung gehen.

4.2.4 Soziale Kompetenzen

Meinen Führungsstil würde ich beschreiben als eine Kombination aus Servant Leadership, das die Bedürfnisse und das Wohlergehen der Mitarbeiter in den Vordergrund stellt, gepaart mit Transparenz, Empathie und der Fähigkeit, eine langfristige Vision zu verfolgen, während man sie in die kurzfristige Welt herunterbricht.

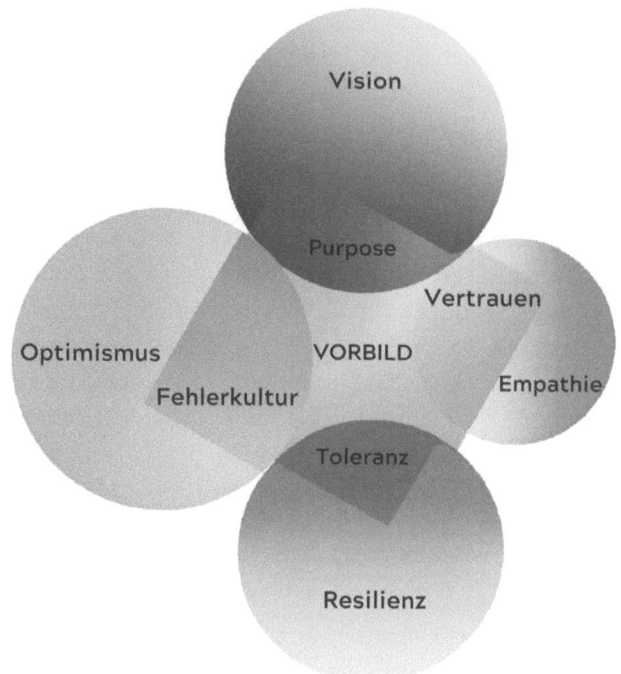

Abb. 4.4 Soziale Kompetenzen. (Eigene Darstellung)

Aber kann ich das auch im Vatersein anwenden? Um ehrlich zu sein, habe ich das Gefühl, dass es mir im beruflichen Kontext und der Arbeit mit Teams leichter fällt.

Die Ausbildung und Förderung eines Growth Mindset liegen mir besonders am Herzen, da ich überzeugt bin, dass es viele Antworten auf aktuelle und zukünftige Herausforderungen liefert. Dafür benötigt es folgende Kompetenzen: *Vorbildfunktion, Vertrauen und Toleranz* sowie *Fehlerkultur und Resilienz*, kurzum: *soziale Kompetenzen* (Abb. 4.4).

4.2.4.1 Vorbildfunktion

4.2.4.1.1 Geschichte aus dem Alltag

Wir verlernen das Wort beziehungsweise die Frage „Warum?". Dabei nutzen Kinder das Warum so oft. Doch als Erwachsener gibt man sich immer mehr mit dem Was und dem Wie zufrieden. In diesem Warum, welches uns Erwachsene manches Mal an den Rand unserer Kapazitäten bringt, in Bezug auf unser Wissen, aber auch auf unsere Geduld, spiegelt sich doch genau die tiefe und richtige Art und Weise, die Welt, die Dinge, die Menschen und die eigene Entwicklung zu verstehen. Da kann dann die Zahl der Sandkörner in der kleinen Kinderhand zu der Zahl aller Sterne am Himmel, zur Relativitätstheorie und zu tiefster Astrophysik führen – bitte ohne das Internet zu bemühen, denn wir wollen ja Vorbild sein. Aber sind wir Vorbild, wenn wir nicht zugeben können, etwas noch nicht oder nicht mehr zu wissen? Und warum fragen wir nicht öfter nach dem Warum? Es ist ein Prozess, das eigene Verhalten anzupassen; die pure Willenskraft reicht hier nicht. Mit etwas Übung jedoch gelingt es immer besser, selbst viel mehr Warum-Fragen zu stellen, etwa „Warum glaubst du, hat Mia heute gesagt, dass sie nicht mit dir spielen möchte?", „Bist du traurig?", „Warum bist du traurig?" oder „Warum magst du heute nicht zum Sport, du gehst doch immer sehr gerne dorthin?". Dies hilft auch im beruflichen Umfeld.

Indem wir uns selbst dazu ermutigen, häufiger nach dem Warum zu fragen, fördern wir nicht nur das Verständnis unserer Kinder, sondern auch unser eigenes. Dieses Hinterfragen hilft uns dabei, alte gelernte Muster, Stempel und Etiketten, die uns oft in eine eher negative Betrachtung führen, bewusst umzuwandeln. Ein Warum hilft uns, die Wahrheit auf eine ganz neue Art zu sehen – die Perspektive zu wechseln hin zum realistischen Optimismus und *optimistic futuring*.

Kinder verstehen die Zukunft nicht als Substantiv, sondern als Verb (frei nach Ari Wallach), denn es braucht Aktion. In der Beobachtung unserer Zwillinge fällt mir immer wieder auf, wie bewusst sie aus ihrer Perspektive ihrer Zukunft aktiv begegnen. Das fängt bereits mit den ersten neugierigen Gehversuchen an.

Ich erinnere mich an einen Moment, als unsere Zwillinge entschlossen verkündeten, wir alle würden jetzt in den Urlaub fliegen: „Wir wollen ein neues Land sehen." Ohne zu zögern, sammelten sie ihre Sachen, ein wenig Spielzeug, baten mich, den Koffer hervorzuholen, und begannen mit Feuereifer ihr Projekt. Für sie war die Zukunft nicht etwas, das passiv auf sie zukommt, sondern etwas, das sie aktiv gestalten. Ihre Begeisterung und ihr Tatendrang zeigten mir, wie selbstverständlich Kinder ihre Visionen in die Tat umsetzen.

Und das fängt mit der verwendeten Sprache an. Wenn wir versuchen, pauschale Bewertungen wie „Sie ist zu sensibel", „Er ist zu faul", „Die Kinder werden immer verzogener" wegzulassen und stattdessen nach dem Warum zu fragen, entsteht etwas Wertvolles. Indem wir die Antwort darauf positiv belegen und dem Kind helfen, die eigenen Gefühle zu beschreiben und zu begreifen, fördern wir die Entwicklung sozialer Kompetenzen bei unseren Kindern.

4.2.4.1.2 Erkenntnis über die Fähigkeit

„Transformation" – dieses Wort, das mittlerweile solche Trigger auslöst. Doch trennen wir einmal das Wort von diesen subjektiven Triggern. Was steckt darin? Die (möglichen) Antworten auf Veränderung – neudeutsch „Change". Change ist so alt wie die Menschheit. Wir haben das Gefühl, dass unsere Welt, im Besonderen die Welt der Arbeit, aber auch unsere Kultur, Gesellschaft, (Medien-)Konsumverhalten – und diese Liste lässt sich noch ewig weiterführen – sich so schnell verändert wie in keiner Zeit vor dieser. Umso wichtiger sind positive Transformationen und ja auch Disruptionen, positive Werte und Assoziationen, die wir mit diesem Change verbinden. Kinder haben einen natürlichen Umgang damit, auch wenn wir als Erwachsene dann gerne mit „alles nur eine Phase" und „terrible two" und anderen Erklärungen reagieren. Jedes Kind kann in seinem Tempo die Veränderung rund um sich selbst mit etwas guter, geeigneter Begleitung verarbeiten und gestärkt, größer und gewachsener daraus hervorgehen.

Also warum fällt es Erwachsenen dann umso schwieriger?

Dazu hilft ein Blick auf das Wort „Vorbild". Was macht ein Vorbild (aus)? Für Kleinkinder sind die Eltern als Vorbilder Modelle zum Nachahmen und zum aktiven Lernen. Später kommen weitere potenzielle Vorbilder dazu, etwa Großeltern, Geschwister, Erzieher:innen, Lehrer:innen, andere Kinder, Kolleg:innen, aber auch Personen ohne direkte Beziehung wie Prominente und Spitzensportler:innen.

Laut einer Umfrage zum Thema „Vorbilder in der Kindheit und Jugend" gaben rund 30 Prozent der Befragten an, dass ihre Mutter am ehesten diese Rolle für sich einnahm, gefolgt vom Vater.

Eine Studie aus dem Jahr 2013 unterstreicht diese Ergebnisse. Auffällig ist, dass Lehrer:innen hier keine Rolle spielen. Dabei passiert gerade in der Schulzeit so viel. Stattdessen nimmt die Wichtigkeit der Eltern als Vorbild nach einem natürlichen Entkopplungsprozess in der Pubertät von 42 Prozent bei den 14- bis 16-Jährigen bis 56 Prozent bei den 19- bis 20-Jährigen zu.

Die wichtigsten Eigenschaften von Vorbildern sind dabei soziales Engagement (88 Prozent), Ehrgeiz (77 Prozent), Intelligenz (73 Prozent) und Mut (68 Prozent). Weit abgeschlagen kommen Eigenschaften wie gutes Aussehen, Reichtum und Berühmtheit. Ganz oben stehen also *Werte*. Vorbilder vermitteln Werte. Werte, die Orientierung bieten. Werte, die wiederum auf *intrinsischer Motivation* beruhen.

Unser *Verhalten* und *Charakter* in der Rolle als Vorbild erzeugen Verhalten, bei Kindern und Mitarbeiter:innen, und helfen bei der Herausbildung des Charakters (eher bei Kindern). *Selbstliebe Empathie.* Ein Verhalten, das auf Selbstliebe aufbaut, einem eigenen Wertekompass folgt und sich mit Neugier an verändernde Gegebenheiten anpassen kann – mit Empathie und tiefer Motivation gelebt – zeigt Kindern eine Vision. Als logische Weiterentwicklung der kindlichen Entwicklung.

Darüber hinaus zeigt sich die Vorbildfunktion in weiteren wichtigen Dimensionen:

- *Selbstreflexion* und *Lernbereitschaft* sind wichtige Bestandteile des Growth Mindset. Ein Vorbild zeichnet sich durch die Fähigkeit zur Selbstreflexion aus, zwischen (Re-)Aktionen auf den herrschenden kurzfristigen Druck und Impulse und dem Blick auf die langfristigen Ziele und Visionen. Es erkennt eigene Stärken und Schwächen und ist bereit, aus Erfahrungen zu lernen. Diese Lernbereitschaft zeigt anderen, dass persönliches Wachstum ein kontinuierlicher Prozess ist, und ermutigt sie, ebenfalls offen für Veränderungen und Weiterentwicklung zu sein.
- *Authentizität* und *Integrität* stellen Vorbilder oft vor gewisse Herausforderungen. Wenn ich mich voll integriere, kann ich dann noch authentisch sein? Oh ja, denn Authentizität bedeutet, echt und unverfälscht zu sein. Ein Vorbild, das authentisch handelt und nicht nur spricht, schafft Vertrauen und Glaubwürdigkeit. Integrität ergänzt dies durch

konsequentes Handeln nach moralischen Werten und ethischen Prinzipien. Zusammen bilden sie die Grundlage für eine respektvolle und vertrauensvolle Beziehung zu anderen – als Säulen der Empathie.
- Auch die Werte *Transparenz* und *Ehrlichkeit* erzeugen Vorbildwirkung. Sie sind essenziell für eine offene Kommunikation. Ein Vorbild teilt Informationen klar und verständlich mit und steht zu seinen Handlungen und Entscheidungen, als Vater sowie als Führungsperson. Diese Offenheit fördert ein Umfeld des Vertrauens. Es ermöglicht eine Zusammenarbeit, in der Missverständnisse minimiert und gemeinsame Ziele effektiver erreicht werden können.
- Unterstützt wird dies durch die Werte *Gerechtigkeit* und *Fairness* im Umgang mit Menschen und Gruppen. Ein Vorbild behandelt alle Menschen mit Respekt und ohne Vorurteile. Gerechtigkeit und Fairness bedeuten, Entscheidungen unparteiisch zu treffen und jedem die gleichen Chancen zu bieten. Dieses Verhalten fördert ein inklusives Umfeld, in dem sich jeder wertgeschätzt fühlt und motiviert ist, sein Bestes zu geben.

Auf zwei weitere wichtige Wertedimensionen gehen wir im Folgenden ein: die Dimension von Vertrauen und Toleranz sowie die Dimension Fehlerkultur und Resilienz.

4.2.4.1.3 Übertragung in den beruflichen Kontext

Mittlerweile sehen wir immer mehr Teams, die transformationsmüde sind – verständlich, bei all den Veränderungen und dem Hüpfen von einer „unbedingt notwendigen und dringenden" Transformation zur nächsten. Gleichzeitig kann das Selbstwertgefühl der Teammitglieder nicht ausreichend ausgebildet und entwickelt werden. Wie können wir also die tiefe intrinsische Motivation aufbauen?

Korrekt, durch eine Wirkung als Vorbild. Menschen folgen Vorbildern, die eine klare Vision haben und vermitteln können. Aus Japan greift hier das Konzept des *Ikigai*, das – Achtung Buzzwords unserer Zeit – Purpose und Vision zusammenbringt (*iki* = Leben und *gai* = Wert).

Vor allem in Bezug auf das Mindset suchen jüngere Menschen für sich bei Vorgesetzten und Vorbildern nach Werten und Purpose. Aus meiner Erfahrung ist die Wirkung noch verstärkt, wenn aus dieser Position heraus mit Mitarbeiter:innen daran gearbeitet wird, ihre eigenen Missionen und Ziele zu erarbeiten und diese dann mit der Entwicklung in den Teams abzugleichen und entlang des Geschäfts auszurichten. Dies verbindet in der idealen Welt die Themen „Leidenschaft und Beruf" mit „Mission und Berufung". Die Fragen dahinter sind:

- Was lieben wir?
- Worin sind wir gut?
- Was braucht die Welt?
- Wofür können wir bezahlt werden?

Und genau diese Fragen können in abgeleiteter Form die Zusammenarbeit mit und die Entwicklung von Mitarbeiter:innen als Leitfaden dienen, vom ersten Jobinterview bis zu einem Exit-Gespräch (wann auch immer dieses erfolgt). Und sie können dazu dienen, in einer sich schnell drehenden Welt voller kurzfristigem Druck für sich als Führungskraft aber genauso auch für Mitarbeiter:innen Momente der Reflexion zu schaffen. Momente zum Atmen und der Auseinandersetzung mit dem, was langfristig wichtig ist und glücklich macht. Hier beginnt Transformation, erfolgreich zu sein.

Eben genauso, wie es in all den Phasen der Entwicklung unserer Kinder zu Fragen und Antworten kommt. Ein Kind, das zum Beispiel sehr viel Freude und intrinsische Motivation an kreativer Arbeit findet, wird mit seinen Eltern beginnend mit den ersten kleinen Malarbeiten und Bastelprojekten immer wieder Kreativität erfahren. Diese Motivation wird den Besuch von Aktivitäten wie Kunstkursen anregen, die Wahl der Schule oder einzelner Fächer beeinflussen und schließlich weiterführende Ausbildungen, Studienfach und/oder Beruf danach ausrichten – stets der eigenen Berufung folgend.

Dieser enge und emphatische Abgleich in den Gesprächen mit den Teammitgliedern ist ein essenzieller Bestandteil in der Führung von Teams und Menschen.

4.2.4.2 Vertrauen und Toleranz

4.2.4.2.1 Geschichte aus dem Alltag

„Learning from peers" ist ein starkes Konzept. Die Erkenntnis: Ja, es funktioniert auch bei unseren Kindern. Nur vielleicht nicht ganz so, wie wir es aus Sicht der Erwachsenen uns wünschen würden.
Beide Zwillinge sind in derselben Kindergartengruppe. Und anscheinend ist es zwischen den Kindern dieser Gruppe gerade voll im Trend, andere Kinder auszuschließen. Auch wenn wir wissen, dass dies die kindliche Art ist, einem anderen Kind zu sagen, dass man gerade nicht mit diesem Spielen möchte, bricht es mir jedes Mal das Herz. Ich wünsche mir, dass die Kinder lernen, bewusst „nein" zu sagen und anderen ihre Grenzen zu zeigen. Nur wenn dann unsere kleine Tochter traurig, irritiert und verletzt nach Hause kommt, weil sie nicht mitspielen durfte, zeigt dies eine Form des Nein, die nur schwer zu ertragen ist:

- „Warum war dein Tag heute blöd?" – „Weil die Jungs gesagt haben, ich darf nicht mitspielen."
- „Und warum haben sie das gesagt?" – „Weil ich ein Mädchen bin."
(Das passiert umgekehrt natürlich genauso)

Beim nächsten Mal heißt die Antwort „Weil ich ein blaues T-Shirt anhatte" oder „Weil sie gesagt haben, dass auf der Schaukel kein Platz mehr ist". Ich glaube, wir haben das Schema erkannt. Und immer wieder unsere Frage als Eltern: „Und wie hast du darauf reagiert?"
„Ich habe nichts gesagt und bin alleine geblieben", flüsterte sie. Ich nahm sie in den Arm und überlegte, wie ich ihr helfen könnte, ohne die Situation zu verschlimmern. „Weißt du, manchmal sagen Menschen Dinge, die nicht nett sind, weil sie selbst unsicher sind", erklärte ich. „Vielleicht könntest du mit den anderen Kindern sprechen und herausfinden, was sie mögen."
Wir haben lange überlegt, Vorschläge gemacht und Taktiken entwickelt, wie die Frustsituationen vermieden werden könnten.
Am nächsten Tag entschied sich unsere Tochter, ihr Lieblingsbilderbuch mitzunehmen. Noch während meiner Verabschiedung sprach sie

einen der Jungen an, ob er sich das Buch gemeinsam mit ihr anschauen mag. Er sagte neugierig ja. Nach und nach näherten sich weitere Kinder und gesellten sich dazu und fragten: „Darf ich auch mitgucken?" Von da an änderte sich die Dynamik. Die Kinder begannen, mehr aufeinander zuzugehen.

Diese Erfahrung zeigte mir, dass Kinder oft ihre eigenen Wege finden, miteinander zu lernen und umzugehen – auch wenn es nicht immer unseren Erwartungen entspricht. Durch Vertrauen und Toleranz können sie gemeinsam wachsen. Und unsere Tochter lernte, auf sich selbst zu vertrauen und anderen mit Offenheit zu begegnen.

4.2.4.2.2 Erkenntnis über die Fähigkeit

Große Entwicklungsschritte entstehen in den allermeisten Fällen aus großartigen Teams, sei es das kleinste Team mit zwei Personen, wie Kind und Papa, oder seien es große Teams in Unternehmen und Projekten. Doch eine großartige Entwicklung erfordert Vertrauen, ein Wort, das in unserer schnelllebigen Zeit oft leichtfertig verwendet wird, aber in seiner Tiefe selten vollständig verstanden wird. Was steckt dahinter? Vertrauen ist das unsichtbare Band, das Beziehungen stärkt, Zusammenarbeit fördert und letztlich Erfolg ermöglicht. Vertrauen ermöglicht Freiheit. Freiheiten ermöglichen das Ausprobieren, das Fehlermachen, das Lernen. Vertrauen schafft Bindung. Vertrauen schafft Effizienz und Schnelligkeit in einer Welt, die immer kurzfristiger zu sein scheint, die komplexer und vernetzter wird, die global stattfindet. Vertrauen basiert auf Toleranz, Respekt und Wertschätzung.

Aber warum fehlt es uns oft an Vertrauen und Toleranz, sowohl im persönlichen als auch im beruflichen Kontext?

Ein Blick auf die Grundlagen der Empathie offenbart, dass Vertrauen und Toleranz ihre Kernelemente sind. Ohne diese Werte bleibt Empathie oberflächlich. Doch wie können wir diese Werte in unserem Alltag leben und fördern?

Offenheit und gemeinsame Transparenz sind hierbei entscheidende Faktoren. Das Konzept der Radical Candor (radikale Offenheit) aus dem gleichnamigen Buch von Kim Scott (2017) zeigt uns, wie wichtig ehrliches und direktes Feedback ist. Es erfordert Mut, Energie, aber auch Respekt, um offen anzusprechen, was wirklich zählt. Diese Art der Kommunikation schafft Vertrauen, da sie auf Authentizität und Integrität (s. oben) beruht.

Vertrauen entsteht über konsequentes Verhalten. Es ist nicht das Ergebnis einmaliger Handlungen, sondern das Produkt kontinuierlicher, verlässlicher Interaktionen. Wenn wir unseren Worten Taten folgen lassen und konsequent nach unseren Werten handeln, bauen wir eine Vertrauensbasis auf, die auch in turbulenten Zeiten Bestand hat.

Doch oft fehlt es einfach an Vertrauen. Dabei schafft Vertrauen Effizienz und Schnelligkeit. Stephen M. R. Covey beschreibt in seinem Buch *The Speed of Trust* (2006), wie Vertrauen als Beschleuniger für Zusammenarbeit und Erfolg wirkt. Ohne Vertrauen verlangsamen sich Entwicklungen, Missverständnisse häufen sich, und die Motivation sinkt. Und genau dies gilt es, im Rahmen von Transformationsprozessen, wie überhaupt in der Zusammenarbeit mit Menschen, zu vermeiden.

4.2.4.2.3 Übertragung in den beruflichen Kontext

Betrachten wir die kindliche Entwicklung als Spiegel für den Berufsalltag. Kinder lernen Vertrauen, Toleranz, Respekt und Wertschätzung zunächst im familiären Umfeld. Eltern, die offen kommunizieren, konsequent handeln und die Individualität ihres Kindes respektieren, aber auch alle anderen Menschen, legen den Grundstein für eine gesunde Entwicklung. Sie schaffen ein Umfeld, in dem das Kind sich sicher fühlt, explorieren kann und in dem Fehler als Teil des Lernprozesses gesehen werden.

Übertragen wir dieses Prinzip auf den Arbeitsplatz, so erkennen wir Parallelen. Führungskräfte, die als Vorbilder agieren, schaffen eine Kultur des Vertrauens. Durch tiefe soziale Kompetenzen, Offenheit und Transparenz ermöglichen sie es ihren Mitarbeiter:innen, sich einzubringen, Fragen zu stellen und innovative Ideen zu entwickeln. Konsequentes Verhalten und das Einhalten von Zusagen stärken das Vertrauen weiter.

In Teams, die auf Toleranz und Respekt basieren, werden unterschiedliche Meinungen wertgeschätzt. Vielfalt wird als Stärke gesehen, die zu kreativeren Lösungen führt. Wertschätzung äußert sich nicht nur in Lob und Anerkennung, sondern auch darin, dass die individuellen Stärken jedes Teammitglieds gefördert werden und ehrliches, hilfreiches Feedback geteilt wird.

Wenn Führungskräfte diese Werte leben und fördern, entsteht ein Arbeitsumfeld, in dem Mitarbeiter:innen motiviert sind, ihr Bestes zu geben. Vertrauen wird zum Katalysator für Effizienz und Erfolg. Toleranz ermöglicht es, Herausforderungen gemeinsam zu meistern. Respekt und Wertschätzung führen zu einer positiven Teamdynamik, die über bloße Arbeitsbeziehungen hinausgeht. Dies als Basis zu etablieren, erleichtert die Entwicklung und den Aufbau von Teams durch die Führungskraft.

Letztendlich zeigt sich, dass Vertrauen und wertschätzende Toleranz nicht nur abstrakte Begriffe sind, sondern essenzielle Bestandteile einer erfolgreichen Zusammenarbeit – sei es in der Familie oder im Beruf. Indem wir diese Werte bewusst in unseren Alltag integrieren, schaffen wir die Grundlage für nachhaltigen Erfolg und ein erfülltes Miteinander.

4.2.4.3 Fehlerkultur und Resilienz

4.2.4.3.1 Geschichte aus dem Alltag

Wie lernt ein Kind eigentlich Fahrradfahren? Wir alle haben sicher unsere eigenen Bilder im Kopf, wie wir es als Kinder irgendwann geschafft haben. Ich muss sagen, in meiner Erinnerung war es anstrengend, langwierig und mit Stress verbunden. Doch wie ist es bei den eigenen Kindern?

Mit unterschiedlichem Tempo lernen unsere Zwillinge das Fahrradfahren. Während eines der Kinder bereits selbstständig mit dem Rad durch die Stadt bis zum Kindergarten fährt, verspürt das andere Kind nicht den größten Drang, es ihm gleichzutun. Woran kann das liegen? Sicher an der eigenen Persönlichkeit und der intrinsischen Motivation.

Liegt es vielleicht daran, dass es ihm als Linkshänder ungleich schwerer fällt, da das Gehirn die Bewegungen aus der Sicht der Rechtshänder „spiegelverkehrt" ausführen will? Und ein Fahrrad eben eine standardisierte Konstruktion aufweist? Also tritt es fleißig in die Pedale, gibt sich die größte Mühe, hat eine Vision davon, mit dem Rad durch die Gegend zu sausen und die Freiheit zu spüren. Nur leider tritt es nach hinten und kommt nicht von der Stelle. Schlimmer noch, immer wieder kippt das Rad samt Kind um. Sein Blick sagt: „Das soll jetzt Fahrradfahren sein?" Es kämpft mit diesem „Fehler". Wir denken, dass dies ein Grund sein könnte, der zu frühem Frust beim Erlernen führt. Die kleinkindliche Resilienz wird auf jeden Fall sehr stark auf die Probe gestellt.

Und ich sage ihm, uns und mir: „Cool bleiben!"

„Muss ich wirklich mit rechts anschieben?", fragt es. Eine interessante Frage. Könnte es sein, dass die Welt des Fahrradfahrens für Linkshänder tatsächlich anders aussieht? Ein Gedanke, der mir bisher nicht gekommen war.

„Es ist okay, wenn es heute nicht funktioniert", sage ich beruhigend. „Wir können es morgen wieder versuchen. Wichtig ist, dass du Spaß daran hast." Mein Kind atmet tief durch, nickt und lächelt zaghaft. Die Anspannung löst sich ein wenig.

Die Resilienz eines Kindes ist erstaunlich. Nach einer kurzen Pause kommt der nächste Versuch. Zur Sicherheit und um moralischen Halt zu geben, halte ich es mit einem Tuch um seinen Bauch. Diesmal mit dem linken Fuß anschieben, ganz vorsichtig. Und siehe da – ein, zwei Meter rollen die Räder, die Pedale geben nun den Rhythmus vor, bevor sie wieder zum Stehen kommen. Ein kleiner Erfolg, der die Augen leuchten lässt.

In diesem Moment wird mir klar, wie wichtig es ist, Raum für eigene Wege zu lassen. Nicht jedes Kind folgt dem gleichen Muster, nicht jeder Erfolg misst sich an Geschwindigkeit oder Perfektion. Es geht darum, Erfahrungen zu sammeln, zu lernen und dabei die eigene Freude zu entdecken. Fehler zeigen sich in unterschiedlichen Facetten, und wenn wir das böse Empfinden an dem Wort „Fehler" streichen, können wir ableiten: So, wie ich es bisher probiert habe, bin ich nicht weitergekommen. Daraus lerne ich und versuche eine andere Vorgehensweise.

Und ich sage mir erneut: „Cool bleiben!" Denn manchmal ist das Beste, was wir tun können, einfach zuzusehen, zu ermutigen und den Prozess zu begleiten – ohne zu drängen, ohne zu bewerten. So entsteht eine Umgebung, in der Fehler erlaubt sind und Resilienz wachsen kann.

Nach noch einigen Versuchen trage ich den kleinen Fahrradfahrer auf dem einen Arm und sein Fahrrad auf dem anderen. „Morgen probieren wir es wieder", murmelt er und lehnt den Kopf an meine Schulter.

4.2.4.3.2 Erkenntnis über die Fähigkeit

Wir alle wünschen uns eine natürliche Gelassenheit – für unsere Kinder, für Kolleg:innen und für Mitarbeiter:innen, aber auch für uns selbst. Doch liegt es in der Natur des Menschen, dass gerade andere Personen unserer Spezies – genauer gesagt, deren Verhalten – diese Gelassenheit stören. Es scheint paradox: Wir streben nach innerer Ruhe, doch das Verhalten anderer kann uns leicht aus dem Gleichgewicht bringen.

Gleichzeitig ist es auch die Natur des Menschen, dass jeder so ist, wie er ist. Konformität würde die Sache deutlich vereinfachen. Ganz nebenbei hätten wir uns das vorangegangene Unterkapitel zur Toleranz sparen können. Doch zum Glück leben wir in einem Zeitalter, in dem erkannt wurde, dass Diversität die Entwicklung und das persönliche Wachstum fördert. Aber wie lassen sich diese Aspekte verbinden? Wie können wir Gelassenheit bewahren und gleichzeitig die Vielfalt der individuellen Unterschiede schätzen?

Hier hilft die Trennung von Subjekt und Objekt beziehungsweise von Person und Verhalten. Eine Fähigkeit, die wir oft, wenn überhaupt, viel zu spät erlernen oder gezeigt bekommen. Menschen haben sehr unterschiedliche Motive und Motivationen. Diese zu erkennen und anzuerkennen, ist der erste Schritt. Es geht darum, das Verhalten einer Person nicht mit ihrem Wesen gleichzusetzen. Jemand kann aus bestimmten Gründen handeln, die wir vielleicht nicht verstehen, aber das macht ihn nicht zu einem schlechten Menschen.

Aus diesen unterschiedlichen Motiven können und dürfen Fehler entstehen, die die einzelnen Personen unter Umständen nicht einmal bemerken oder begreifen. Solche „Fehler" können jedoch zu Dysbalancen in Organisationen, Teams oder Systemen führen. Ist es dann nicht die Aufgabe der Gemeinschaft oder einzelner Individuen, auf diese Fehler hinzuweisen? Darauf aufmerksam zu machen und gemeinsam daraus zu lernen? Letzteres, also das Lernen, setzt jedoch ein gewisses Maß an Resilienz voraus.

Resilienz ist die Fähigkeit, mit Rückschlägen umzugehen und gestärkt daraus hervorzugehen. In einer Kultur, die Fehler zulässt und als Lernchancen begreift, wird Resilienz gefördert. Es entsteht ein Umfeld, in dem Menschen sich trauen, Neues auszuprobieren, ohne Angst vor Verurteilung bei Misserfolg. So wird persönliches Wachstum möglich, und die Gemeinschaft profitiert von den gesammelten Erfahrungen.

4.2.4.3.3 Übertragung in den beruflichen Kontext

Denken wir an ein Kind, das lernt, Fahrrad zu fahren. Es wird sehr oft probieren und scheitern, frustriert sein. Doch mit der Unterstützung der Eltern, die ermutigen, begleiten und trösten, steht es wieder auf und versucht es erneut. Die Eltern haben die Aufgabe, dem Kind dabei zu helfen, den Spaß an der Sache nicht zu verlieren und diesen ausbleibenden Spaß oder Frust – das Ereignis – von der Vision des Radfahrens zu trennen. Das Kind soll nicht das Radfahren negativ und mit Abneigung bewerten, sondern Lust haben, aus der Erfahrung zu lernen und weiterzumachen. Diese Haltung fördert die Resilienz des Kindes und stärkt sein Selbstvertrauen. Alles ist schwer, bevor es leicht wird, beschreibt diesen Prozess. Kinder und Erwachsene gleichermaßen lernen am besten – und ja, das ist lebenslang notwendig –, wenn wir sie zu einer kreativen, kritischen und kommunikativen Entwicklung befähigen.

Übertragen wir diese Analogie in den Berufsalltag, erkennen wir die Bedeutung einer positiven Fehlerkultur. In einem Team, das Fehler als Lernmöglichkeiten betrachtet, fühlen sich die Mitglieder sicher genug, um Risiken einzugehen und innovative Lösungen zu suchen. Führungskräfte, die offen über eigene Fehler sprechen und diese nicht verbergen, dienen als Vorbilder. Sie zeigen, dass niemand perfekt und es wichtig ist, aus Fehlern zu lernen, statt sie zu vertuschen. Im Gegenteil, durch einen transparenten Umgang mit Fehlern, lernt das Kollektiv und wird Fehler um Fehler robuster und intelligenter.

Eine solche Kultur erfordert von allen Beteiligten die Fähigkeit, zwischen Person und Verhalten sowie deren Entwicklung zu unterscheiden. Fehler zu machen, bedeutet Entwicklung, bedeutet Lernen. Dies fördert nicht nur die individuelle Entwicklung, sondern stärkt auch den Zusammenhalt im Team.

Resilienz zeigt sich dann in der Fähigkeit, nach einem vermeintlichen Misserfolg, der ein Erfolg in Bezug des Lernens ist, wieder aufzustehen und motiviert weiterzuarbeiten. Teams, die resilient sind, können besser mit Veränderungen umgehen und bleiben auch in turbulenten Zeiten handlungsfähig. Sie sehen Herausforderungen nicht als unüberwindbare Hindernisse, sondern als Gelegenheiten zum Wachstum.

Letztlich verbinden Fehlerkultur und Resilienz die Aspekte der Gelassenheit und der Diversität. Indem wir akzeptieren, dass Fehler menschlich sind und Vielfalt bereichernd ist, schaffen wir ein Umfeld, in dem jeder sein Potenzial entfalten kann. Wir lernen, gelassen zu bleiben, auch wenn nicht alles perfekt läuft, und nutzen die unterschiedlichen Stärken und Perspektiven, um gemeinsam erfolgreich zu sein. Vor allem lernen wir so, auf Veränderungen resilient und dennoch zielgerichtet zu reagieren. Und das bleibt für immer.

4.2.5 Motivations- und Selbstmanagement

Zum Zeitpunkt meiner Geschichte war mein Sohn drei Jahre alt. Permanent neue Geschäftsmodelle im Kopf zu haben oder diese zu erarbeiten, erfordert nicht nur Motivation für sich selbst, sondern auch die Fähigkeit, andere zu motivieren. Ein gutes Selbstmanagement ist daher unerlässlich. Genau das habe ich auch als Vater erleben müssen, und ich hätte nicht gedacht, wie viel Disziplin und Selbstmanagement es erfordert, unsere Kinder jeden Tag aufs Neue zu motivieren, neue Dinge zu lernen.

Schön, dass ich das Kapitel erhalten habe, das die Fähigkeiten *Motivation*, *Bedürfnisse hintanstellen* und *Konsequenz* beinhaltet, kurzum: *Motivations- und Selbstmanagement* (Abb. 4.5).

4.2.5.1 Motivation

Der Definition nach bedeutet „motivieren" jemanden „bewegen, antreiben". Leider ist diese Bedeutung aus der Zeit gefallen und insbesondere bei meinem Sohn Emilio eher mein Wunschdenken. Jener macht, was er will und wann er will. Kennst du das aus der Arbeitswelt?

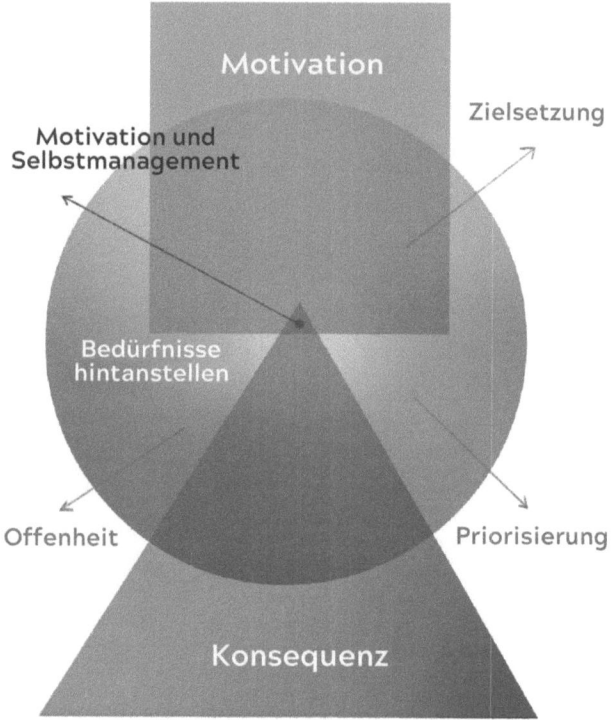

Abb. 4.5 Motivations- und Selbstmanagement. (Eigene Darstellung)

4.2.5.1.1 Geschichte aus dem Alltag

Mein Sohn ist vor Kurzem von der Krippe in die Elementargruppe gewechselt. Ein großer Schritt! Wir kennen es: Jeder Wechsel ist mit Herausforderungen verbunden. In diesem Fall hätte der Kontrast nicht größer sein können. Ist mein Sohn zuvor in einer Stadt-Kita zumeist drinnen gewesen, muss er nun als „Waldkind" die meiste Zeit im Freien verbringen. Und wenn das nicht genug Transformation ist – auch noch in einer neuen Umgebung. So wollten es seine „Chefs" (Eltern).

Über mehrere Wochen fragte er, wieso die Gruppe nicht drinnen spielt. Nachvollziehbar, oder? Zuvor spielte sich alles komplett konträr ab. Dementsprechend war die Eingewöhnung holprig. Jeden Morgen mussten wir ihn schrittweise motivieren: „Die großen Kinder spielen immer draußen", „Es gibt so großartige Sachen in der Natur zu entdecken" oder „Du wirst sehen, dass es dir mit der Zeit richtig Spaß machen wird". Leider blieb es uns nicht erspart, dass unser Sohn beim Abgeben großen Widerstand leistete, was für Eltern immer sehr emotional ist.

Die Situation verbesserte sich erst mit der Zeit, als er die Umgebung und auch das neue Kita-Modell für sich verstanden hat. „Es macht mehr Spaß, in der Natur als nur drinnen zu sein" und „Mama und Papa hatten recht!" (auf diese Aussage warten wir noch, aber sie kommt bestimmt).

4.2.5.1.2 Erkenntnis über die Fähigkeit

Ebenso wie Kinder möchten auch Organisationen, Teams und alle Personen verstehen, was die Zielsetzung hinter dieser Transformation ist. Ganz wichtig für die Motivation ist dabei die größtmögliche Transparenz hinter der Zielsetzung. Darüber hinaus reicht es nicht, diese Ziele einmal zu kommunizieren, sondern diese sollten stets allen Beteiligten kontinuierlich vor Augen geführt werden.

Der Prozess benötigt selbstverständlich Zeit, bis die Ziele durch die Organisation zu den Teams und letztlich von jeder Person im Unternehmen als akzeptiert und verstanden gelten. Dabei sind Rückschläge vorprogrammiert: In einem Moment denkt ihr, dass es nun verstanden ist, während es sich im anderen Moment wieder verflüchtigt. Zack, zurück auf Los.

Diese Motivationsschwankungen sind je nach „Schiffgröße" mal kleiner, mal größer. Hinzu kommt die aktuelle Unternehmenssituation. Vollzieht ihr gerade eine Transformation aus Stärke oder aus Not? Beide Situationen bergen ihre eigenen Tücken. So ist bei der Transformation aus Stärke meist eine höhere Trägheit zu erkennen, da – Stand heute – doch kein Grund besteht. Im Gegensatz zur Notsituation, in der sich die Beteiligten eher fragen, ob die Transformation nicht zu spät kommt.

Was leider häufig als echter Motivator vergessen wird, ist die Kommunikation kleiner Erfolge und diese gemeinsam zu zelebrieren. Ein Transformationsprozess ist nie abgeschlossen, wodurch Ziele zumeist später erreicht werden. Daher ist das „Feiern" einer der Motivatoren, um allen Beteiligten zu vergegenwärtigen, dass alle auf dem richtigen Weg sind. Ebenso wie die bereits beschriebene kontinuierliche Kommunikation der Ziele. Beides sollte den Personen in der Organisation dabei helfen einzuschätzen, ob sie noch an der richtigen Stelle sind oder sie es vorziehen, das Unternehmen zu verlassen. Klingt brutal, ist aber so, denn ein Wandel kann nur mit einer Organisation gelingen, die auch daran glaubt!

Spoiler: Etwa 20 Prozent der Personen werden die Reise entweder nicht antreten oder im Zeitverlauf von Bord gehen.

4.2.5.1.3 Übertragung in den beruflichen Kontext

Die Start-up-Welt kommt einem manchmal vor wie Social Media: Alle sind erfolgreich und Millionäre. Auch in meinem Fall dachten unsere Gesellschafter, dass alles gut läuft. Bei näherem Hinsehen stellte sich kurz nach meinem Start allerdings heraus, dass es sich ganz anders verhielt. Zwar war ein Modellumbau ohnehin geplant gewesen, aber es war nicht klar, dass das aktuelle Modell so unter Beschuss gewesen ist.

Vier Wochen nach meinem Start habe ich dem Team transparent gemacht, wie es um das Unternehmen wirklich steht und warum wir das Modell ändern müssen. Als Grundlage habe ich die Geschäftszahlen offengelegt, sodass alle sich ein Bild machen konnten, was ich meinte. War doch das Team zuvor stets informiert worden, dass alles okay ist. Die Sorge war groß, aber zum ersten Mal konnte jeder für sich persönlich eine Einschätzung treffen. Zuvor undenkbar. Gleichwohl war diese Information erstmal ein Motivationsdämpfer.

Auch in meinem Fall war zunächst nur die Transparenz gegeben und die Skepsis groß, ob der Umbau sinnvoll ist. Durch das kontinuierliche gemeinsame Tracking der Ziele haben wir es als Team geschafft, uns aus der Situation zu befreien. Tracking hieß auch hier der offene Umgang mit den Geschäftszahlen als Basis für eine gemeinsame Zielerreichung. Die Motivation schwankte zunächst stark, begann sich jedoch schrittweise zu normieren, da das Team den Umgang mit dem Businessmodell und dessen Zielerreichung lernte. Spannend hierbei, dass jede Person stets nach Lösungsoptionen suchte. Transformation eben: vom Problembewusstsein zum Lösungsbewusstsein.

Jede Woche begann bei uns mit den Erfolgen des Teams und jeder einzelnen Person. Auf diese Weise konnten wir – trotz der schwierigen Situation – den Fortschritt erkennen und uns gegenseitig motivieren. Je erfolgreicher wir wurden, desto mehr Spaß machte es. Klar, oder?

Dieses Beispiel zeigt, dass eine Transformation nur gemeinsam gelingen kann. Der Kern dabei ist es, gesamtunternehmerisch zu denken und seine Bedürfnisse möglichst hintanzustellen oder sich zumindest zu vergegenwärtigen, welche Relevanz meine eigenen Bedürfnisse für den Gesamtkontext besitzen. Nach der Geburt von Emilio war es für mich ein natürlicher Prozess, nun die Familie ganz nach vorn zu stellen. Auch das gelang mir nur schrittweise und nicht auf Knopfdruck.

4.2.5.2 Bedürfnisse hintanstellen

Mit dem Vaterwerden kommt einem eine ganz neue Rolle zu, die dir den Spagat für Family-Work-Life-Balance vor Augen führt. Insbesondere wenn Mama und Papa auch beruflich eine Führungsrolle innehaben und die Großeltern 800 km beziehungsweise 2600 km weit weg wohnen. Ergo: Support? Fehlanzeige. Kommen wir zum Spagat.

4.2.5.2.1 *Geschichte aus dem Alltag*

Es war ein typischer Dienstagmorgen – oder besser gesagt, es hätte ein typischer Dienstagmorgen sein sollen. Ich stand in der Küche, den ersten Kaffee des Tages in der Hand, als meine Frau Luisa mir mit panischem Blick entgegenkam: „Francesco, Emilio hat Fieber!"

Ich spürte sofort, wie sich unser Tag auf den Kopf stellte. Unser Sohn, der normalerweise wie ein Duracell-Häschen durch das Haus hüpfte, lag schlapp im Bett.

„Keine Schwiegereltern in der Nähe, kein Babysitter und beide gebraucht", murmelte ich, mehr zu mir selbst als zu Luisa, während ich nach dem Fieberthermometer suchte. Die Kalender waren voll – wie so häufig. Meetings, Deadlines, E-Mails, die gefühlt jede Sekunde in den Posteingang purzelten wie Dominosteine, die man einmal angestoßen hat.

„Ich habe um 9 Uhr ein Strategiemeeting mit dem Vorstand", sagte ich mit einem müden Lächeln. „Und ich um 10 Uhr einen wichtigen Termin mit einem Lieferanten", erwiderte Luisa.

Meetings hin oder her – wir wussten beide, dass Emilio höchste Priorität hatte. Folglich teilten wir unseren Tag im „Zack Zack" auf. Ich sprang in das Meeting bis um 10 Uhr, dann übernahm ich den Kleinen, und

Luisa konnte an ihrem Meeting teilnehmen. Außerdem habe ich alle weiteren Meetings in den späten Nachmittag oder in die Woche geschoben, während Luisa bis zum frühen Nachmittag arbeitete. Ich übernahm dann die „Spätschicht". Hierzu muss gesagt werden, dass dies ohne mobiles Arbeiten und dem Support der eigenen Führungskraft nicht möglich ist.

4.2.5.2.2 Erkenntnis über die Fähigkeit

Ich weiß, dass es echt ein alter Hut ist, aber die Kunst zu einer Priorisierung im Sinne der Family-Work-Life-Balance ist als Elternteil mehr als zuvor ein Superskill, wenn nicht *das* Must-have. Wohl denen, die bereits in der Berufswelt diese Fähigkeit par excellence erworben haben. In keiner anderen Rolle wie im Vatersein fällt es mir so leicht, berufliche Bedürfnisse hintanzustellen: Emilio und die Familie haben stets Vorrang.

Mobiles Arbeiten ist der Kern, um das beschriebene Modell überhaupt bewältigen zu können. Dies gilt insbesondere für die Konstellation, in der wenig bis kaum Hilfe in der Nähe ist. Aus diesem Grund sind die aktuellen Back-to-Office-Ansagen vieler Unternehmen ein echter Schlag ins Gesicht all der Familien, die beispielsweise in einem „Kind-krank-Fall" flexibel reagieren müssen. Ebenso müssen Unternehmen in einer Transformation stets in der Lage sein, ihre Herausforderungen mit aller Flexibilität und eine kreative Herangehensweise zu meistern. Das Setup hierfür muss bereits zuvor installiert worden sein.

Schlussendlich ist es doch das Plus in unserer heutigen modernen Zeit, dass wir flexibel Bedürfnisse hintanstellen können, ohne einen unmittelbaren beruflichen Nachteil zu erleiden. Leider reift diese Erkenntnis nicht in allen Unternehmen.

4.2.5.2.3 Übertragung in den beruflichen Kontext

In Konzernen bedeutet der Begriff „Bedürfnis hintanstellen", auf „Hidden Agendas" zu verzichten und sich ausschließlich in den Dienst des Unternehmens zu stellen. Gerne denke ich da an meine Zeit bei OTTO zurück, wo im Zuge der Transformation zu einer Plattform – der Wandel von Katalog zu online war bereits erfolgt – ein unternehmensweiter

Priorisierungsprozess etabliert wurde. Aber wie gelingt ein solcher Ansatz bei vier Vorstandsbereichen mit insgesamt 6000 Mitarbeiter:innen?

Zunächst sei gesagt, dass nicht alle der Beteiligten begeistert waren. Insbesondere ich nicht, welcher im Unternehmen gut vernetzt war und dadurch viele Projekte in eine Fast Lane bringen konnte. Der sogenannte Shooter-Prozess fand quartalsweise an zwei Tagen statt. In der Spitze waren hier bis an die 500 Personen beteiligt. By the way: Nichts mit Remote, es wurde eine eigene Location auf dem Campus nur dafür hergerichtet. An diesen zwei Tagen wurden vorselektierte „Shooter" – One Pager nach einem standardisierten Pager bewertet – priorisiert und in gegenseitige Abhängigkeit zu laufenden Shootern gebracht. Keine Fast Lanes mehr und alles transparent.

Die Erfolgsquote, mit einem eigenen Projektantrag („Shooter") Gehör zu finden, war fast immer nur möglich, wenn hierdurch

- das Transformationsziel Plattform unterstützt wurde,
- Erlös- und/oder Kostenoptimierungen entstanden,
- technologischer Vorsprung erzielt werden konnte.

Meine persönliche Lernkurve im Hinblick auf Relevanz meiner eigenen Bedürfnisse auf den Erfolg des großen Ganzen war enorm. Ebenso die Fokussierung auf erfolgsträchtige Projekte, da ansonsten schlichtweg keine Ressourcen, ob Mensch oder Geld, bereitgestellt wurden.

Ungeachtet des beschriebenen Best-in-Class-Beispiels ist eine Art Priorisierungsprozess für eine Transformation unerlässlich. Auf Projektebene ist die wirkungsvollste Waffe das magische Dreieck aus Time, Scope und Budget. Verändern wir eine Variable aus dieser Gleichung, hat dies Konsequenzen für die anderen beiden Variablen.

4.2.5.3 Konsequenz

Es gibt doch als Vater nichts Einfacheres, als seinen Kindern gegenüber konsequent zu sein, oder? Schön wär's. Leider verfalle ich bei meinem Sohn häufig in die Erwachsenenweisheit „Choose your battles". Bloß erweist sich diese Weisheit häufig als Boomerang, denn sie ist weder konsequent noch nachhaltig.

4.2.5.3.1 Geschichte aus dem Alltag

Mein Sohn Emilio liebt wie die meisten Kinder Schokolade. Er hätte kein Problem damit, sie auch mal zum Frühstück zu essen. Kurz vor seinem dritten Geburtstag wollte er stets Schokolade zum Frühstück. Auf unsere allmorgendliche Frage „Na, was möchtest du frühstücken?", antwortete er jedes Mal auf Neue: „Schokolade!" Immer wieder versuchten wir ihm zu erklären, warum Schokolade nun mal kein Essen ist, sondern eine Nachspeise, von der man auch, wenn man zu viel isst, Bauchweh bekommt. Sein Argument war jedoch: „Was ich am liebsten mag, ist sicher auch sehr gesund für mich." Die gleiche Argumentationslinie ging weiter, indem er nochmals herausstellte, dass es manchmal nach dem Mittagessen ebenfalls Schoki gibt. Also hieß es – mal wieder – zu erklären, warum es sich dabei um kein „richtiges" Essen handelt und zu viel davon ungesund ist. Spannend wurde es, wenn ich morgens mit ihm allein war und er beteuerte, dass meine Frau Luisa es erlaubt hätte. Täglich grüßt das Murmeltier: Wieder erklären, warum Schokolade lecker ist, aber gleichwohl zu viel davon nicht gut ist, und wenn man welche isst, dann erst nachdem man etwas „Richtiges" gefrühstückt hat. Mit der Zeit wich der Widerstand und stieg das Verständnis – wohl auch, weil sein neues Hörspiel als Protagonisten ein Kind hatte, welcher abends Schokolade aß, ohne Zähne zu putzen, und am nächsten Morgen mit Zahnschmerzen zum Zahnarzt musste. Auch wenn ihr mir das nicht glaubt: Nein, ich habe ihm das Hörspiel nicht geschenkt. Manchmal braucht ein Vater einfach Glück!

4.2.5.3.2 Erkenntnis über die Fähigkeit

Führungskräfte brauchen in jeder Phase der Transformation eine klare Roadmap. Eine solche Roadmap beinhaltet stets Maßnahmen zum Halten aktueller sowie der Generierung neuer Erlösströme zur Sicherung der Zukunftsfähigkeit des Unternehmens. Der Aufbau basiert auf der Bewertung, wie Organisation und Arbeitsabläufe auf die Ziele abgestimmt werden können.

Die Konsequenz innerhalb der Organisation ist ein notwendiger Veränderungsprozess, in dem ein Teil der Belegschaft umgehängt, umgeschult oder nicht mehr passfähig ist. Selbstverständlich ist die Entlassung von Mitarbeiter:innen in einer Führungslaufbahn immer das

Schwierigste und das letzte Mittel der Wahl. Denn uns ist bewusst, dass hinter jeder und jedem dieser Mitarbeiter:innen ein eigenes Schicksal steckt. Nichtsdestotrotz sind Entlassungen in einem Transformationsprozess meistens unumgänglich. Schließlich geht es dabei um die Sicherung des Gesamtwohls.

Neue Arbeitsabläufe, gestützt durch die Nutzung von neuen Technologien, beispielsweise KI, bedürfen einer Grundoffenheit der Organisation. So ist es bei KI notwendig, die Mitarbeiter:innen dafür zu sensibilisieren, welchen Mehrwert diese Technologie im Unternehmen – speziell in verschiedenen Arbeitsabläufen – haben wird. In der Transformation ist die Offenheit einer Organisation für das „Neue" zweifellos die Basis für den Erfolg. Hierfür müssen Führungskräfte kontinuierlich bei ihren Teams werben, gleichwohl nicht unendlich. Denn auch hierbei wird sich zeigen, dass womöglich nicht alle diese Veränderung akzeptieren, sodass eben Konsequenzen unvermeidbar sind.

4.2.5.3.3 Übertragung in den beruflichen Kontext

Bei der Transformation eines weiteren Start-ups zu einem neuen Geschäftsmodell hin habe ich den Ansatz verfolgt, die dafür notwendigen Unternehmenswerte sowie die dahinterliegende Vision gemeinsam mit dem Team zu definieren. Dies ist der Vorteil in einer kleineren Organisation, wohingegen es im Konzern kaum bis gar nicht umsetzbar wäre.

Im Workshop haben wir die folgenden Fragestellungen bearbeitet, um die gemeinsamen Unternehmenswerte festzulegen:

- Wer sind wir?
- Warum arbeiten wir?
- Wie wollen wir arbeiten?
- Wie streben wir nach exzellenten Ergebnissen?

Das Ergebnis war super, jedoch wurde hier bei allen Beteiligten noch einmal klar, dass die neuen Unternehmenswerte und die dazugehörige Vision bedingt zur aktuellen Organisation passten. Dies beinhaltete die Prüfung der aktuellen Belegschaft und deren Skillset auf die Rollen für das neue Modell.

Die Folge war, dass ein heute noch großes Team im alten Geschäftsmodell verkleinert beziehungsweise umgebaut werden musste. Teile des Teams mussten nun neue Aufgaben übernehmen, und die Machtverhältnisse verschoben sich.

Dieser Transformationsprozess war speziell für die Leitung des bestehenden Teams eine schwierige Situation. Zum einen reduzierte sich die Verantwortlichkeit. Zum anderen wurde der Person zuvor verbal versprochen, dass eine Gehaltssteigerung anstehen würde, die schlussendlich nicht mit der Gewinn- und Verlustrechnung (GuV) vereinbar war.

Was folgte, waren permanente Diskussionen mit mir, dass das neue Modell nicht besprochen war und es nicht sein kann, dass die versprochene Promotion entfällt.

In diesem Fall half es nur, stets die aktuell notwendige Situation zu rekapitulieren und die Promotion im Gesamtkontext der Transformation zu erklären. Das bedeutete, dass einfach kein Budget für einen solchen individuellen Aufstieg bestand, welcher zudem nicht im Sinne des neuen Modells war.

Diese Diskussionen zogen sich über mehrere Wochen, und es half schlussendlich nur noch die Option, dass die Person die Situation akzeptiert oder sich die Wege leider trennen müssen. Das Aufzeigen der Konsequenzen war hier unvermeidbar, da die Situation die Transformation hemmte und es – selbst im kleinen Unternehmen – zu einer Zerrissenheit im Unternehmen führte.

Erstaunlicherweise führte das Aufzeigen der Konsequenzen dazu, dass es zu einem Neuanfang kam und ein gemeinsames Verständnis entstand – auf meiner Seite als auch auf die der Person. Erfreulicherweise wurde diese Person eine unserer Schlüsselfiguren für die erfolgreiche Transformation.

Diese reinigenden Regen sind in der Transformation ab und zu zwingend notwendig und müssen nicht mit negativen Effekten verbunden sein.

4.3 Und, jetzt? – Die übergreifende Lektion

Und jetzt? Das kann man sich schon fragen, nach 15 Geschichten aus dem Alltag, 15 Erkenntnissen über Fähigkeiten und 15 Übertragungen in den beruflichen Alltag – und all das nur für ein Thema: Transformation!

Spätestens jetzt erkennt man, wie komplex Transformation in jeglicher Hinsicht sein kann, egal ob im privaten, beruflichen oder wirtschaftlichen Kontext, was ja auch unser Hauptfokus ist.

Aber was wollen wir damit jetzt sagen? Müssen Führungskräfte wirklich alle 15 Fähigkeiten haben, damit eine Transformation erfolgreich wird? Oder sind es sogar noch mehr? Vollständigkeit können wir hier nicht garantieren (Abb. 4.6).

Abb. 4.6 Fähigkeiten, Überblick. (Eigene Darstellung)

> Zur Erinnerung: Die 15 Fähigkeiten sind …
>
> - **Führungskompetenzen**
>   1. Entscheidungsfreudigkeit
>   2. Risikobereitschaft
>   3. Verhandlungsfähigkeit
> - **Strategische Fähigkeiten**
>   4. Weitsicht
>   5. Abstraktionsfähigkeit
>   6. Zielgenauigkeit
> - **Kommunikative Fähigkeiten**
>   7. Status und Kontext verstehen
>   8. Geschichtenerzählfähigkeit
>   9. Kompromissbereitschaft
> - **Soziale Kompetenzen**
>   10. Vorbildfunktion
>   11. Vertrauen und Toleranz
>   12. Fehlerkultur und Resilienz
> - **Motivations- und Selbstmanagement**
>   13. Motivation
>   14. Bedürfnisse hintanstellen
>   15. Konsequenz

Nein, das ist ganz bestimmt nicht unsere Intention. Wir wollen in erster Linie darauf aufmerksam machen, was Transformation bedeutet: echte Führungsaufgabe, echtes Leadership. Transformation, nach unserer Definition, ist in erster Linie die Fähigkeit, auf Einflussfaktoren, die unser aktuelles Geschäftsmodell im Hinblick auf das gewünschte Zielbild betreffen, reagieren zu können. Die Reaktion kann aktiv oder passiv erfolgen, sprich von einem selbst ausgelöst oder durch einen unumgänglichen Faktor. Eine Entscheidung gegen eine Veränderung aufgrund eines Einflussfaktors ist auch eine Entscheidung beziehungsweise Reaktion – nur eben eine negative.

Führungskräfte müssen nicht nur die Fähigkeit besitzen, auf Veränderungen zu reagieren, sie müssen auch die Fähigkeiten haben, ihre Organisationen durch diese Veränderung zu führen: von einer Veränderung zur nächsten. Diese Zyklen sind ungewiss und schwankend – und genau das macht es so schwierig. Ähnlich wie in der Kindererziehung, unserem Narrativ. Wir wissen nicht genau, wann und wie sich etwas verändert, aber wir wissen mit Sicherheit, dass ständig Veränderungen stattfinden, die von Komplexität und Geschwindigkeit geprägt sind. Genauso verhält es sich mit der Transformation unserer Geschäftsmodelle und allen damit verbundenen Elementen.

Darauf möchten wir hinweisen und dabei helfen, diesen Prozess zu verstehen.

Manchmal reicht eine Fähigkeit aus, manchmal braucht man fünf oder mehr, um eine Transformation erfolgreich zu durchlaufen. Selbst wenn wir uns der nötigen Fähigkeiten bewusst sind, heißt das nicht, dass wir keine Fehler machen oder alles reibungslos läuft – das wäre schön, aber so ist das Leben nicht. Unterschiedliche Situationen erfordern unterschiedliche Reaktionen unter unterschiedlichen Voraussetzungen.

Aber: Das Verständnis darüber, welche Fähigkeiten möglicherweise benötigt werden, kann uns helfen, das Beste aus den jeweiligen Situationen und Veränderungen, der Transformation, herauszuholen.

Bevor Sie zum nächsten Kapitel übergehen, nehmen Sie sich einen Moment Zeit, um über die 15 Fähigkeiten nachzudenken, die wir vorgestellt haben. Erkennen Sie diese bei sich selbst als Führungskraft wieder? Und noch wichtiger: Können Sie diese in Ihrem Führungsteam identifizieren? Eine ehrliche Bestandsaufnahme Ihrer Stärken und Lücken ist der erste Schritt, um sicherzustellen, dass Sie eine Transformation erfolgreich meistern können. Nicht jede Führungskraft braucht alle 15 Fähigkeiten, aber das Verständnis darüber, welche für ihre spezifische Situation entscheidend sind, ebnet den Weg zum Erfolg.

Aus diesem Grund haben wir dieses Buch geschrieben – um unsere Erkenntnisse und die Früchte unserer gemeinsamen Arbeit zu teilen und möglicherweise anderen Führungskräften, egal ob Mann, Frau, Divers, Eltern oder Nichteltern, eine Hilfestellung zu geben.

Jetzt wäre es wohl das Beste, das Kapitel gleich noch einmal zu lesen –

> **Unsere Erkenntnisse zusammengefasst**
> 1. Transformation ist ein permanenter Prozess und kein Projekt.
> 2. Die Transformation stellt somit sicher, dass wir den Kurs auf das Zielbild halten.
> 3. Führungskräfte müssen die Fähigkeit haben, auf multiple Einflussfaktoren reagieren zu können.
> 4. Darüber hinaus müssen sie in der Lage sein, ihre Organisation und die Menschen durch die Veränderung zu begleiten.
> 5. Es gibt mindestens fünf Fähigkeiten, die dabei helfen können.

so wichtig ist es, diese Fähigkeiten wirklich zu verstehen.

Aber das kann man auch später machen, denn wir sind noch nicht am Ende. Wir haben jetzt verstanden, was Transformation ist und welche Fähigkeiten benötigt werden. Das reicht uns aber noch nicht. Wir wollen diesem Buch auch einen sehr operativen Touch geben, indem wir eine strukturierte und praxisorientierte Methode vorstellen. Diese Methode zeigt auf, wie man auf Basis dieser Fähigkeiten nicht nur eine Transformation erfolgreich meistert, sondern auch die richtige und vor allem dynamische Strategie ableiten kann.

Das Transformation Design Model folgt im nächsten Kapitel.

Literatur

Covey, S. M. R. (2006). *The speed of trust: The one thing that changes everything.* Free Press.

Scott, K. (2017). *Radical candor: Be a kick-ass boss without losing your humanity.* St. Martin's Press.

5

Transformation Design Model (TDM)
Ein möglicher Fahrplan für die Transformation

Designen wir die Transformation, oder designt sie uns?
Wie in der Erziehung auch – ganz klar beide Seiten sich gegenseitig!

Vorab
Da wir nicht nur Theorie bieten, sondern auch konkret zur Umsetzung kommen wollen, haben wir eine „Bauanleitung" erstellt, denn wir sind nicht nur Strategen, sondern auch Macher. Diese Anleitung soll euch in verschiedenen Fällen der Transformation konkrete Unterstützung, Motivation und hilfreichen Support bieten.

5.1 Das Modell

Wenn man sich schon die Mühe macht, ein Buch zu verfassen, was wirklich auch sehr anstrengend sein kann, dann ergreift *Mann* – in diesem Kontext – oder einfach *man* doch auch die Chance, um ein selbst entwickeltes Pattern oder, besser gesagt, eine Methode darin zu verankern. Klar, oder?

Aber das machen wir natürlich nicht des Prestiges wegen. Nein, ganz im Gegenteil. Die Transformation bedeutet uns sehr viel, aber die Fähigkeiten allein werden auch nicht reichen, um sie erfolgreich bis zur nächsten und übernächsten Veränderung zu bewältigen. Hierfür benötigt es noch ein Hilfsmittel, das Führungskräften und Organisationen dabei hilft, die Einzelteile einer Transformation zu verstehen, zu visualisieren und diese dann anzuwenden. Und weil wir selbst immer wieder vor dieser Herausforderung standen, sowohl strategisch als auch operativ die Transformation zu steuern, ist im Laufe der Zeit das sogenannte *Transformation Design Model* (*TDM*) entstanden. Diese Modell bietet eine strukturierte und praxisorientierte Methode zur Steuerung und Begleitung von Transformationsprozessen in Unternehmen. Es basiert auf der Erkenntnis, dass Transformation nicht nur ein einmaliger Akt, sondern ein kontinuierlicher, dynamischer Prozess ist, der verschiedene Dimensionen integriert. Dieses Modell soll Unternehmen und Führungskräften nicht nur helfen, die Notwendigkeit von Veränderungen zu erkennen, sondern diese auch aktiv zu gestalten und auf unvorhergesehene Herausforderungen flexibel zu reagieren.

Das Transformation Design Model setzt sich aus den Einzelteilen der Transformation in ihrer Definition zusammen.

Zur Erinnerung: Die Definition der *Transformation* lautet:

1. Die Transformation ist die notwendige Reaktion eines Unternehmens auf multiple, interne und externe, Einflussfaktoren, die den aktuellen Zustand des Geschäftsmodells im Hinblick auf das Zielbild beeinflussen (Abb. 5.1).
2. Das Ziel der Transformation ist es demnach, auf Basis kontinuierlicher Geschäftsmodell-Innovationen, die Strategie dynamisch anzupassen, um sicherzustellen, dass der Kurs auf das Zielbild erhalten bleibt (Abb. 5.2).
3. Diese veränderungsfähige Strategie muss den Einklang der Dimensionen Organisation, Prozesse und Technologie sicherstellen, deren Zusammenwirken die Unternehmenskultur prägt (Abb. 5.3).

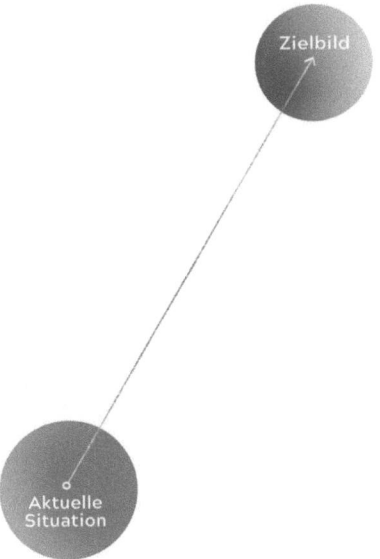

Abb. 5.1 Transformation Design Model, Phase 1. (Eigene Darstellung)

Abb. 5.2 Transformation Design Model, Phase 2. (Eigene Darstellung)

4. Die Transformation erfordert demnach spezifische Fähigkeiten, die in relevanten Narrativen operationalisiert werden. Diese Fähigkeiten sind entscheidend, um den Wandel erfolgreich zu steuern und in der Organisation zu verankern (Abb. 5.4).

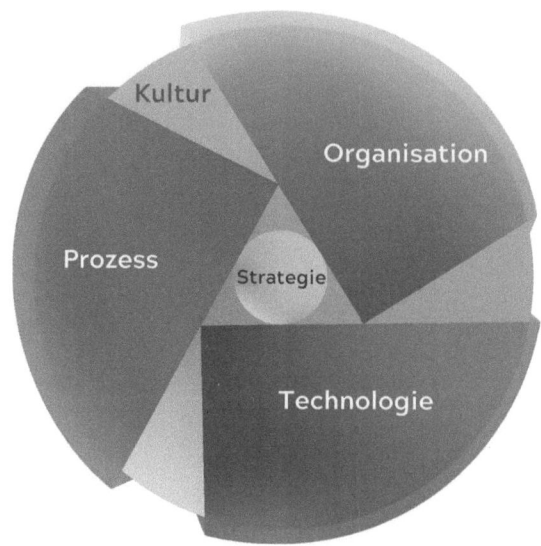

Abb. 5.3 Transformation Design Model, Phase 3. (Eigene Darstellung)

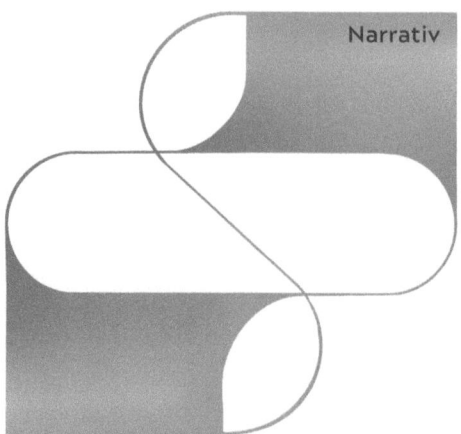

Abb. 5.4 Transformation Design Model, Phase 4. (Eigene Darstellung)

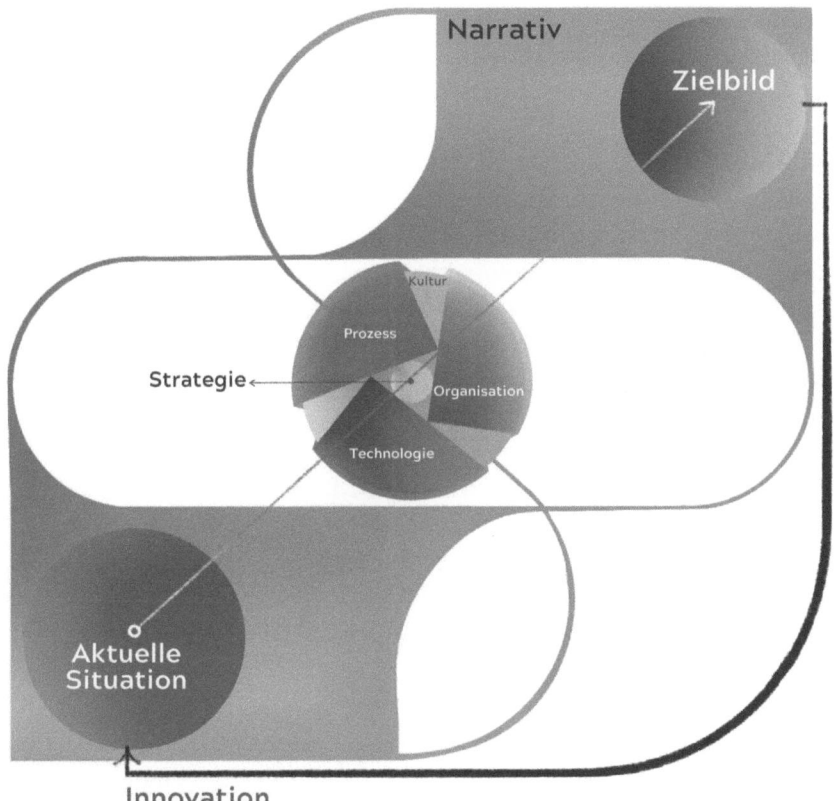

Abb. 5.5 Transformation Design Model. (Eigene Darstellung)

Das ergibt folglich in der Zusammenführung unser Modell, das in Abb. 5.5 dargestellt ist.

5.2 Elemente des Modells

Aktuelle Situation
Dieser Baustein analysiert den Status quo des Unternehmens, indem er dessen Geschäftsmodell, Zielgruppen, Kanäle, Kundenbeziehungen, Umsatzströme, Ressourcen und Partner beleuchtet. Er identifiziert Stär-

ken und Schwächen des bestehenden Modells und zeigt auf, wo Handlungsbedarf besteht. Hier kann und wird auch auf etablierte Modelle wie beispielsweise das Business Model Canvas zurückgegriffen.

Zielbild
Das Zielbild beschreibt das langfristige Bestreben eines Unternehmens, das über reine Profitziele hinausgeht. Es berücksichtigt sowohl wirtschaftliche als auch soziale und ökologische Aspekte (Profit, People, Planet). Es gibt die Richtung vor und dient als Maßstab für den Erfolg der Transformation. Selbstverständlich kann sich das Zielbild auch immer wieder mal anpassen, jedoch ist es im Gegensatz zur Strategie eher starr.

Innovation (Prozess)
Innovation ist ein zentraler Treiber im TDM. Dieser kontinuierliche Prozess beinhaltet die Einführung neuer Ideen und Methoden, um Verbesserungen zu erzielen. Innovation ermöglicht es dem Unternehmen, von einem Ausgangspunkt zu einem definierten Zielpunkt zu gelangen und dabei flexibel auf veränderte Bedingungen zu reagieren.

Organisation (People)
Im Mittelpunkt stehen die Anpassung und Befähigung der Organisation. Es geht darum, Strukturen, Regeln und Aufgaben so zu gestalten, dass sie flexibel auf Veränderungen reagieren und die Mitarbeiter effektiv an der Transformation mitwirken können.

Technologie
Technologische Innovationen sind oft die Basis für transformative Veränderungen. Die richtige Auswahl und Integration von Technologien können Prozesse optimieren, Kosten senken und neue Geschäftsmodelle ermöglichen. Technologie wirkt als Enabler und Treiber der Transformation.

Prozess
Effiziente und effektive Prozesse sind notwendig, um den Unternehmenswert zu steigern und auf veränderte Marktbedingungen zu re-

agieren. Optimierte Prozesse unterstützen das Unternehmen dabei, seine Wertversprechen zu erfüllen und seine Transformation erfolgreich zu gestalten.

Strategie
Die Strategie ist der Leitfaden für die Umsetzung der Transformation. Sie gibt die Richtung vor und muss flexibel genug sein, um auf Veränderungen in der Umwelt zeitnah zu reagieren, während sie gleichzeitig stabil genug bleibt, um das Zielbild im Blick zu behalten.

Narrativ
Ein starkes Narrativ ist essenziell, um die Notwendigkeit der Transformation zu kommunizieren und Akzeptanz bei allen Beteiligten zu schaffen. Es vermittelt die Beweggründe und Vorteile der Veränderung und schafft so Verständnis und Unterstützung für die anstehenden Schritte.

Add-on-Kultur
Die Unternehmenskultur bildet die Grundlage für alle Transformationsaktivitäten. Sie ist das Ergebnis der Emergenz aus den Dimensionen Organisation, Prozesse und Technologie und beeinflusst, wie Veränderung wahrgenommen und umgesetzt wird. Eine positive, auf Veränderung ausgerichtete Kultur fördert die Bereitschaft zur Anpassung und unterstützt die erfolgreiche Umsetzung der strategischen Ziele.

5.3 Erläuterung des Modells

Der Innovationsprozess und die Rolle der Strategie
Das TDM basiert auf der Annahme, dass Unternehmen Transformationen sowohl aktiv als auch reaktiv steuern müssen, um ihr langfristiges Zielbild zu erreichen. Der Ausgangspunkt jedes Transformationsprozesses ist die Identifikation von Einflussfaktoren, die Veränderungen erfordern. Diese Faktoren können intern erkannt werden, was proaktive Anpassungen ermöglicht, oder sie können durch externe Umstände entstehen und reaktive Maßnahmen notwendig machen.

Unabhängig davon, ob die Veränderung aktiv oder reaktiv ist, löst jeder identifizierte Einflussfaktor einen strukturierten Innovationsprozess aus. Dieser Innovationsprozess dient dazu, den Übergang von Punkt A nach Punkt B neu zu denken, indem die Dimensionen Organisation, Prozesse und Technologie analysiert und angepasst werden. Ziel ist es, diese Dimensionen in Einklang zu bringen, um eine effektive und effiziente Transformation zu ermöglichen. Auch wenn der Einflussfaktor direkt aus einer dieser Dimensionen stammt, werden im Innovationsprozess alle drei Dimensionen berücksichtigt, um eine harmonische und kohärente Anpassung sicherzustellen.

Aktive und reaktive Verhaltensweisen
Bei einer *aktiven Verhaltensweise* treibt das Unternehmen die Veränderung aus eigenem Antrieb voran. Es nutzt Innovationen, um seine Strategien weiterzuentwickeln, Technologien zu implementieren, Organisationsstrukturen anzupassen und Prozesse zu optimieren. Diese proaktiven Maßnahmen sollen die Wettbewerbsfähigkeit stärken und das Unternehmen in Richtung des Zielbildes bewegen. Dabei sind Fragen nach den benötigten Ressourcen, Fähigkeiten und der Weiterentwicklung der Unternehmenskultur zentral.

Eine *reaktive Verhaltensweise* ist erforderlich, wenn externe Veränderungen schnelle Anpassungen notwendig machen. Das Unternehmen muss in der Lage sein, kurzfristig auf Marktveränderungen, regulatorische Anforderungen oder unvorhergesehene Ereignisse zu reagieren. Reaktive Maßnahmen können die Einführung neuer Prozesse, strukturelle Anpassungen oder den Einsatz von Technologien umfassen, um die Stabilität und Wettbewerbsfähigkeit zu sichern.

Die dynamische Strategie und das verbindende Narrativ
Die dynamische Strategie des TDM entsteht durch die kontinuierliche Anpassung und Verknüpfung aller neun Elemente des Modells. Sobald ein Einflussfaktor erkannt wird und der Innovationsprozess startet, werden spezifische Maßnahmen abgeleitet, die alle relevanten Dimensionen integrieren. Diese Strategie ist flexibel und dynamisch, um sich an neue Entwicklungen und Informationen anzupassen. Sie dient als Handlungs-

leitfaden für die Umsetzung der notwendigen Veränderungen und stellt sicher, dass das Unternehmen auf Kurs bleibt, um das Zielbild zu erreichen.

Das Narrativ spielt dabei eine zentrale Rolle und dient als Klammer, die den gesamten Transformationsprozess zusammenhält. Es vermittelt die Notwendigkeit und den Nutzen der Veränderungen und beschreibt, wie die einzelnen Schritte zur Erreichung des Zielbildes beitragen. Ein starkes Narrativ schafft Verständnis und Akzeptanz, fördert die Unterstützung innerhalb der Organisation und stellt sicher, dass die strategischen Maßnahmen kohärent umgesetzt werden.

Die Emergenz der Unternehmenskultur
Die Kultur eines Unternehmens entwickelt sich dynamisch aus den Wechselwirkungen der Dimensionen Organisation, Prozesse und Technologie. Sie spiegelt wider, was im Unternehmen tatsächlich gelebt wird, und ist das Ergebnis der praktischen Umsetzung der Strategien und Maßnahmen. Eine positive, adaptive Kultur fördert die Bereitschaft zur Veränderung und unterstützt die nachhaltige Implementierung der strategischen Maßnahmen. Sie ist somit nicht nur ein passives Element, sondern ein aktives Ergebnis des Transformationsprozesses, das die langfristige Ausrichtung und die Wettbewerbsfähigkeit des Unternehmens stärkt.

5.4 Fazit und Kernprinzipien

Das Transformation Design Model (TDM) bietet einen umfassenden und integrativen Ansatz, um Unternehmen bei der erfolgreichen Gestaltung und Steuerung von kontinuierlichen Veränderungsprozessen zu unterstützen. Durch die Kombination von klaren Zielsetzungen, einem strukturierten Innovationsprozess, dynamischer Strategieanpassung, technologischer Integration und einer starken Unternehmenskultur hilft das TDM, den langfristigen Erfolg und die Wettbewerbsfähigkeit eines Unternehmens zu sichern. Indem es sowohl proaktive als auch reaktive

Ansätze ermöglicht und den gesamten Transformationsprozess berücksichtigt, bleibt das Unternehmen stets auf Kurs in Richtung seines langfristigen Zielbildes.

> **Kernprinzipien des TDM**
>
> - **Flexibilität und Anpassungsfähigkeit:** Das TDM ist kein starres Framework, sondern eine flexible Struktur, die an die spezifischen Bedürfnisse und Dynamiken eines Unternehmens angepasst werden kann. Diese Flexibilität ermöglicht eine kontinuierliche Ausrichtung auf langfristige Wettbewerbsfähigkeit und die sich ständig verändernde Marktdynamik.
> - **Multiperspektivische Betrachtung:** Das Modell integriert verschiedene Blickwinkel, basierend auf praktischer Transformationserfahrung, wissenschaftlichen Theorien und Beratungsprojekten. Dies stellt sicher, dass unterschiedliche Interessen der Stakeholder sowie aktuelle Marktentwicklungen berücksichtigt werden.
> - **Ganzheitlicher Ansatz:** Das TDM umfasst neun miteinander verknüpfte Elemente, die zusammen ein umfassendes Bild der Unternehmensrealität abgeben und als Leitfaden für die Transformation dienen. Diese Elemente sind sorgfältig aufeinander abgestimmt, um die Komplexität moderner Transformationsprozesse abzubilden.

5.5 Das TDM – am Beispiel von KI

Oben wurden das Transformation Design Model und seine einzelnen Elemente im Allgemeinen beschrieben, um das Grundprinzip zu vermitteln. In diesem Abschnitt soll das TDM nun anhand des spezifischen Einflussfaktors Künstliche Intelligenz (KI) angewendet werden. KI ist, wie bereits erwähnt, ein erheblicher Einflussfaktor, der verschiedenste Geschäftsmodelle beeinflusst und somit ein zentraler Bestandteil von Transformationsprozessen ist. Wir heben hervor, dass es sinnvoll wäre, alle laufenden Transformationsvorhaben zu überdenken und unter dem Einfluss von KI neu zu konzipieren.

Warum KI einen Paradigmenwechsel erfordert
Der Grund für diese Empfehlung liegt in der grundlegenden Natur von KI, die nicht nur einen der bedeutendsten Paradigmenwechsel unserer Zeit darstellt, sondern potenziell alle Bereiche eines Unternehmens ver-

ändert. Die Hypothese, die hier aufgestellt wird und in der Realität bereits Bestätigung findet, lautet:

> „Es wird keine Prozesse mehr geben, die nicht von KI ersetzt oder zumindest unterstützt werden können." (Benjamin Ferreau, 2024)

Diese Erkenntnis führt zu der bereits getroffenen Schlussfolgerung, dass eine Neuordnung in den Geschäftsmodellen unvermeidlich ist, insbesondere in Bezug auf die Arbeitsteilung zwischen Mensch und Maschine. Eine Transformation, die diesen Einflussfaktor berücksichtigt, ist daher unerlässlich, und ein strukturiertes Designmodell wie das TDM wird notwendig, um diesen Wandel erfolgreich zu gestalten.

Anwendung des TDM: Ausgangspunkt und Analyse Der Einflussfaktor KI ist ein externer Impuls, der jedoch tief in die interne Dimension der Technologie hineinwirkt. Eine solche fortschrittliche Technologie kann wesentlich dazu beitragen, das Zielbild eines Unternehmens effizienter und effektiver zu erreichen. Sobald dieser Impuls erkannt wird, sollte zuerst geprüft werden, wie KI den aktuellen Zustand des Unternehmens unterstützen oder verbessern kann. Dabei steht die Frage im Mittelpunkt: Vor welchen Herausforderungen steht das Unternehmen derzeit, und welche spezifischen Probleme könnten durch den Einsatz von KI gelöst werden? Hier ist es entscheidend, nicht nur allgemeine Use Cases zu betrachten, die möglicherweise zu überhöhten Erwartungen führen, sondern konkrete, unternehmensspezifische Herausforderungen zu identifizieren. Ein Beispiel könnte der Fachkräftemangel sein, unter dem viele Unternehmen leiden. Hier wäre zu prüfen, wie KI helfen kann, dieses Problem zu lösen, indem sie Arbeitsprozesse automatisiert oder effizienter gestaltet. Ein anderes Beispiel könnte die langwierige Beschaffung von Businesskennzahlen (KPIs) sein. Hier könnte KI eingesetzt werden, um diese Prozesse zu beschleunigen und die Entscheidungsfindung zu verbessern.

Die Bedeutung des Narrativs Nach der Analyse des aktuellen Zustands und der Identifikation von Möglichkeiten, wie KI unterstützend wirken kann, ist es von zentraler Bedeutung, ein überzeugendes Narrativ zu entwickeln. Dieses Narrativ sollte den Zweck und die Vorteile der KI-Integration klar kommunizieren, um Missverständnisse und Widerstände zu vermeiden. Da KI oft mit der Sorge verbunden ist, menschliche Arbeitsplätze zu ersetzen, muss das Narrativ deutlich machen, dass KI eher als Ergänzung gedacht ist, um Arbeitslasten zu reduzieren und den Menschen Freiräume für kreative und wertschöpfende Tätigkeiten zu ermöglichen. Ein mögliches Narrativ im Hinblick auf den Fachkräftemangel könnte lauten:

> „Mit KI werden wir die fehlenden Kapazitäten verringern und damit auch die Arbeitslast des bestehenden Personals minimieren, sodass es kreativer und strategischer arbeiten kann."

Ein solches Narrativ kann helfen, Ängste zu reduzieren und die Akzeptanz für die Transformationsmaßnahmen zu erhöhen.

Einklang der Dimensionen: Technologie, Prozesse und Organisation Nachdem das Narrativ etabliert ist, müssen die Dimensionen Technologie, Prozesse und Organisation in Einklang gebracht werden. Da KI aus der Dimension Technologie stammt, stellt sich die Frage, wie die bestehenden Prozesse angepasst werden müssen, um diese neue Technologie effektiv zu integrieren. Weiterhin muss überlegt werden, welche organisatorischen Maßnahmen erforderlich sind, um die nachhaltige Nutzung von KI zu gewährleisten. Dies kann Schulungen umfassen, um Mitarbeitende im Umgang mit KI zu befähigen, sowie die Umstrukturierung von Arbeitsabläufen, um die Potenziale von KI vollständig auszuschöpfen.

Beispielsweise könnte es notwendig sein, Mitarbeitende in Workshops auf die neuen technologischen Anforderungen vorzubereiten und sie in den neuen Prozessen zu schulen. Gleichzeitig müssen Investitionen in die Anpassung der bestehenden IT-Infrastruktur oder die Entwicklung neuer KI-basierter Anwendungen geprüft werden. Es geht darum, eine Transformation zu gestalten, bei der Technologie, Prozesse und Organisation harmonisch zusammenarbeiten und so die Effizienz und Effektivität steigern.

Beispiel für den dynamischen Ansatz des TDM
Interessanterweise könnte der Ausgangspunkt der Transformation auch aus einer anderen Dimension kommen. Nehmen wir an, der Impuls hätte im Bereich Organisation begonnen, zum Beispiel aufgrund eines dringenden Fachkräftemangels. In diesem Fall würde man die Dimension Technologie prüfen und möglicherweise auf KI als Lösung kommen. Das zeigt, wie dynamisch und flexibel das TDM funktioniert: Es ermöglicht, von verschiedenen Ausgangspunkten aus zu denken und jeweils die besten Lösungen zu finden, die alle relevanten Dimensionen berücksichtigen und einbeziehen.

Ableitung der Strategie und Maßnahmen Sobald die Analyse und der Einklang der Dimensionen abgeschlossen sind, kann eine konkrete Strategie abgeleitet werden. Diese Strategie wird in spezifische Maßnahmenpakete, Verantwortlichkeiten und Ziele übersetzt. Da kontinuierlich neue Einflussfaktoren auftauchen, muss die Strategie flexibel und dynamisch gestaltet sein. Sie sollte regelmäßig überprüft und angepasst werden, um sicherzustellen, dass das Unternehmen stets optimal auf neue Entwicklungen reagieren kann.

Fazit: TDM am Beispiel des Einflussfaktors KI Das Beispiel des Einflussfaktors KI zeigt, wie das Transformation Design Model angewendet werden kann, um einen komplexen Transformationsprozess zu strukturieren und zu steuern. Es verdeutlicht, dass das TDM ein effektives und pragmatisches Instrument ist, um Transformationen kontinuierlich zu justieren und den Erfolg langfristig zu sichern. Die Berücksichtigung von Technologie, Prozessen, Organisation und einem klaren Narrativ sorgt dafür, dass Transformationen nicht nur geplant, sondern auch erfolgreich umgesetzt werden. So bleibt das Unternehmen nicht nur auf Kurs in Richtung seines Zielbildes, sondern kann auch proaktiv und reaktiv auf neue Herausforderungen reagieren.

Es ist wichtig zu betonen, dass KI hier nur ein Beispiel für einen möglichen Einflussfaktor ist. Es gibt zahlreiche weitere Faktoren, die individuell in jedem Unternehmen berücksichtigt werden müssen. Ob es sich um Marktveränderungen, regulatorische Anforderungen, technologische Entwicklungen oder soziale Trends handelt – das TDM bietet den Rahmen, um diese Faktoren strukturiert zu analysieren und entsprechende Transformationsmaßnahmen abzuleiten. Jedes Unternehmen sollte die für seine spezifische Situation relevanten Einflussfaktoren identifizieren und das TDM nutzen, um auf diese Herausforderungen gezielt und erfolgreich zu reagieren.

6

Fazit
Und jetzt?

Seid ihr mehr Stratege oder Macher?
Ganz klar: Strategische Macher!

Wir haben schon viele Fazits gezogen, aber hier nochmals zusammengefasst: Wenn wir versuchen, rückblickend zu rekapitulieren, wird klar, wie viel uns an der Transformation liegt. Sie ist sozusagen der Motor von Unternehmen, entscheidend für ihre langfristige Daseinsberechtigung und Wettbewerbsfähigkeit. Transformation bedeutet, dass wir uns permanent verändern müssen. Doch auch wenn wir das Buch aus der Sicht von Vätern geschrieben haben, tun wir das nicht, weil wir glauben, Frauen beziehungsweise Mütter hätten diese Erkenntnis nicht schon längst – vielleicht sogar stärker. Nein, wir haben es aus der Perspektive von Vätern geschrieben, weil wir für uns erkannt haben, wie sehr das Vatersein unsere eigene Führungsrolle beeinflusst. Daher ist unser Fazit hier auch eine Botschaft: Frauen hatten in vielen Fällen von Anfang an das bessere Verständnis davon, was gute Führung ausmacht. Wir wollen keine Pauschalisierung vornehmen, da es sowohl Männer gibt, die von Anfang an Erziehung und Fürsorge übernommen haben, als auch Frauen, die eine Karriere eingeschlagen haben. Es ist uns ein Anliegen, diese Reflexion zu teilen und alle, die vielleicht schon lange zur Erkenntnis gelangt sind, zu würdigen. **Fazit 1.**

Im zweiten Kapitel haben wir neben wissenschaftlichen Grundlagen zur Transformation auch eine eigene Definition der Transformation präsentiert. Wir wiederholen sie hier nicht, da der Anfang des Buches jederzeit als Referenz dient. Zusammengefasst lässt sich sagen, dass Transformation spezifische Fähigkeiten benötigt, um permanent erfolgreich angestoßen, begleitet und feinjustiert zu werden. Diese Fähigkeiten sind notwendig, um den Prozess der Transformation in die Operationalisierung zu führen. Kap. 4 beleuchtet das genauer. Damit lässt sich auch sagen, dass Transformation in erster Linie Führungsaufgabe ist, weil die höchste Instanz benötigt wird, um sicherzustellen, dass das langfristige Zielbild wettbewerbsfähig erreicht wird. **Fazit 2.**

Kap. 3 diente als Übergangskapitel, um die wissenschaftlich-theoretische Betrachtung der Transformation zur praktischen Anwendung und zum operativen Handeln hinzuführen. Hier konnten wir auch nochmals verdeutlichen, dass es nichts grundlegend Unerwartetes an den Analogien gibt, da das Elternsein universell ist – und längst nicht nur Väter betrifft. Aber es war unsere Erkenntnis, die uns motivierte, diese Erfahrungen für Männer, Frauen und andere Elternkonstellationen zu teilen und etwas Weiterführendes zu bieten. Menschen greifen gerne auf Geschichten zurück, die sie emotional berühren und ihnen vertraut erscheinen. Deshalb haben wir diese Form gewählt. **Fazit 3.**

Dann kam das große Kapitel, das Herzstück: die Analogien aus unserem Alltag. Dieses Kapitel entstand aus fünf individuellen Perspektiven und in fünf unterschiedlichen Stilen. Es enthält 15 authentische Geschichten und Fähigkeiten, die in fünf Oberkategorien zusammengefasst sind. Alle Fähigkeiten, die uns im Privatleben mit unseren Kindern und ebenso im beruflichen Kontext bei Transformationsprozessen unterstützen, sind in gewisser Weise vertreten. Ist die Liste abschließend? Sicher nicht. Doch sie bildet einen soliden Anfang. Muss man alle Fähigkeiten beherrschen, um erfolgreich zu sein? Wahrscheinlich nicht. Aber jede dieser Fähigkeiten ist wertvoll. **Fazit 4.**

Kap. 5 ist ein Zusatzkapitel, das über die Theorie hinausgeht. Wir wollten ein praktisches Instrument mitgeben, das Transformationen operativ unterstützt. Das Transformation Design Model ist ein praxisnahes, bewährtes Modell, das Führungskräften und Organisationen hilft, Transformation greifbarer, transparenter und nachhaltiger zu gestalten. Es findet auch in anderen Büchern Erwähnung und etabliert sich zunehmend als möglicher Standard. Kurz gesagt: ein Instrument, das hilft, die Transformation erfolgreich zu meistern. **Fazit 5.**

Zusammengefasst lässt sich sagen: Wir sollten höchsten Respekt vor der Aufgabe der Kindererziehung haben, die oft nicht genug Anerkennung erhält – sie hilft uns nicht nur, großartige Menschen heranzuziehen, sondern bietet uns auch wertvolle Lektionen für das Führen von Unternehmen durch die immer dynamischere und komplexere Welt.

Eure Väter, erneut:
Benjamin, Morten, Michael, Michael und Francesco

MIX
Papier aus verantwortungsvollen Quellen
Paper from responsible sources
FSC® C105338

If you have any concerns about our products,
you can contact us on
ProductSafety@springernature.com

In case Publisher is established outside the EU,
the EU authorized representative is:
**Springer Nature Customer Service Center GmbH
Europaplatz 3, 69115 Heidelberg, Germany**

Printed by Libri Plureos GmbH
in Hamburg, Germany